PETER PATZAK

Wie mich meine Mutter
zum Film brachte

PETER PATZAK

Wie mich meine Mutter zum Film brachte

und andere Ermittlungen

LANGEN MÜLLER

© 1997 by Langen Müller
in der F. A. Herbig Verlagsbuchhandlung GmbH, München
Alle Rechte vorbehalten
Umschlaggestaltung: Bernd und Christel Kaselow, München,
unter Verwendung eines Fotos des Autors
Satz: Filmsatz Schröter, München
Gesetzt aus: 10,6/13 New Caledonia
auf Macintosh in QuarkXPress
Druck und Binden: Wiener Verlag, Himberg
Printed in Austria
ISBN 3-7844-2679-4

Für Serge

... da erhebt Palinurus
sich rasch von dem Lager,
forscht nach allen
den Winden und hascht
mit den Ohren die Lüfte.

VERGIL, AENEIS

Inhalt

*M*eine Mutter tanzt auch noch im Himmel gerne. Sie war schon immer sehr gesellig. Einmal in der Woche erkämpfte sie, den »Fünf-Uhr-Cocktail« eines Tanzcafés in der Wiener Innenstadt besuchen zu dürfen. Sie zog sich ein Kleid aus einer Art von Seide an, richtete sich die Locken und lief der Straßenbahn nach, um pünktlich zu sein.

Mein Vater schüttelte schweigend den Kopf, legte eine Platte von der Callas auf, nahm ein Geschirrtuch und begann in der Küche zu klappern. Er war in die Callas verliebt. Als die Zeitungen Bilder von ihr und Onassis brachten, veränderte er die Form seiner Brille und kämmte sich die Haare glatt nach hinten.

Meine Mutter war in mehrere Herren des Tanzclubs verliebt. In einen Industriellen, der mit seinen buschigen Haaren aussah wie Harpo Marx in dem Film Duck Soup. Er war ein guter Tänzer, obwohl er kurze Beine hatte. In einen General, der, niemand wußte woher, immer sonnengebräunt war. Er sah aus wie Erich von Stroheim in La Grande Illusion und hielt seine Partnerinnen wie ein Schraubstock. In einen französischen Diplomaten, der zwar nicht tanzen konnte, aber einen schwarzen »Haifisch« fuhr, aussah wie Lino Ventura, der Boxprofi war vor seiner Filmkarriere.

Wann immer der Diplomat sie am frühen Abend nach Hause brachte, ließ sie ihn bei einem kleinen Park in der

Vorstadt anhalten, sprang aus dem Haifisch und lief über die Wiese. Sie wollte nicht, daß er sah, in welch scheußlicher Siedlung sie wohnte.

Wie mich meine Mutter
zum Film brachte

Ich habe keine Lust, das Telefon abzuheben. Das Läuten brennt am ganzen Körper. Gleichzeitig laufen zehn Tonbänder in meinem Kopf; es gibt keinen Regler, sie abzustellen.

Ich muß nach Italien fahren.

Die wohltuendste Unruhe ist die Begabung meiner Kinder. Eine glückliche Unruhe der Ursprünglichkeit. Ihre erfrischende Wildheit bedeutet Zuverlässigkeit. Ich verabschiede mich von ihnen.

Es ist ein sehr kalter Abend, ein Freund bringt mich zum Bahnhof. Die Windschutzscheibe des Autos ist vereist. Wie aus den Sehschlitzen eines Panzers spähen wir auf die spiegelnde Fahrbahn. Die Straßenbeleuchtung schneidet die Dunkelheit wie Laserblitze in einer Tropfsteinhöhle. Da fällt mir das Bild ein: Wie mich meine Mutter zum Film brachte …

Das Zugabteil ist noch unbeleuchtet, wir sind zu früh hier angekommen. Ich öffne eine Flasche Château la Croix D'Yvrac und stoße mit meinem Begleiter an. Wir trinken und schweigen. Dann stellt er fest, daß meine Bartstoppeln grau schimmern.

»Silber«, sage ich. »Reden ist Silber, Schweigen ist Gold.« Wir sitzen wie zwei Esel in ihrem Stall. Aus den Nasenlöchern dampft der Atem, hier ist es so kalt wie in einer Tiefkühltruhe.

»Ich geh jetzt«, sagt er nach zehn Minuten gemeinsamen Atmens und Frierens.

Nach der Abfahrt wird es langsam warm im Abteil. Heute ist mein Geburtstag. Der Schlafwagenschaffner, der das Billet und meinen Paß an sich genommen hat, bemerkt es und gratuliert. Ich gebe ihm 100 Schilling.

Wenn ich als Kind gewußt hätte, was ich heute bin, wäre ich schockiert gewesen. Wenn ich heute sein müßte, was ich mir damals gewünscht habe, müßte ich mich anspeiben. Seit Jahren trage ich einen Zettel in meiner Rocktasche, auf dem in Kurrentschrift steht: »Es ist nichts in der Haut, was nicht im Knochen ist.«

Der Zug fährt an Bologna vorbei, Lichter spiegeln sich im Fenster, erneut fällt mir dieses Bild ein: Wie mich meine Mutter zum Film brachte.

Sie hat mich im Kinderwagen vor sich hergeschoben. Es war dunkel, und das Licht der wenigen schwachen Straßenlaternen streichelte von Zeit zu Zeit ihr schönes Gesicht.

Ich bin stolz, eine so schöne Mutter zu haben. Jedesmal, wenn das Licht ihr Gesicht erleuchtet, gebe ich ein fröhlich quietschendes Signal von mir. Makellose Haltung, ein Kostüm wie auf dem Modeplakat einer Litfaßsäule. Links von uns eine Mauer, die Albertina-Rampe. Meine Mutter lächelt. Plötzlich ein ganz anderes Licht, richtig weiß und gleißend. Ich sehe tief in ihre strahlenden Augen, in das Blaugrau ihrer Strenge und Güte. Ihr Hut sitzt so flach auf den blonden Locken, als wäre er das letzte Kleidungsstück, das sie ablegen müßte, um gänzlich nackt zu sein. Das Licht geht nicht weg, meine Mutter steht ruhig und schaut mit dieser abgrundtiefen Neugier, mit der sie später meine Bilder angesehen hat. Ich stoße einen Entzückungsschrei

aus, um ihre Aufmerksamkeit zu mir zurückzuholen. Da
bemerke ich, wie aus einer dunklen Hauseinfahrt eine ge-
fleckte Katze läuft. Meine Mutter aber schaut ganz woanders hin.

Mein Blick zurück zur Hauseinfahrt: ein Paar schwarzer,
hochpolierter Schuhe. So poliert sollen alle Schuhe sein,
die ich in meinem Leben anhaben werde. Meine Mutter
achtet nicht auf die Schuhe, ihr Blick liegt höher. Augenhöhe. Augenhöhe?

Ich höre Stimmen, Rufe, Geschrei, da stimmt etwas nicht,
wir sind in Gefahr. Los, Rückzug.

Meine Mutter lächelt, und ich weiß, daß sie etwas Besonderes sieht. Ich bin genauso neugierig wie sie, auch ich will
es sehen. Rolle seitwärts heißt die Übung. Mein Blick
schwenkt von den schwarzen Schuhen über Hosenbeine,
einen schwarzen Mantel – in das Gesicht eines Mannes.
Ein fleischiges Gesicht mit Wangen, in die ich zwicken
möchte. Volle Lippen. Lippen, an denen ich ziehen will.
Große Ohren, in die ich beißen will. Dann seine Augen:
Auch der Mann lächelt. Ein Lächeln, das sein Herz zeigt.
Jetzt weiß ich, wie sich ein Mann und eine Frau anschauen.
Eine ernste, aber freundliche Stimme kommt näher, der
Filmregisseur Carol Reed bittet meine Mutter, den Dreh-
ort zu verlassen. Sie wendet den Kinderwagen, mit einem
langen Blick auf den Mann in der Hauseinfahrt. Orson
Welles fragt vorwurfsvoll seinen Regisseur, warum er diese
Dame wegschickt. Sie hat ihm als Anspielpartnerin beim
Lächeln geholfen.

Das Licht geht aus.

Mein Zug fährt in Florenz ein. Es liegen dreißig Zentimeter Schnee. Jetzt werde ich bald fünfzig und habe immer
noch keine gefütterten Schuhe. Außerhalb von Florenz

stelle ich fest, daß die Gartenhütten und Zementwerke genauso aussehen wie die in der Wiener Vorstadt. Das beschäftigt mich den Rest des Tages.

In der Bar Dante sitzen Amerikaner und trinken Cappuccino, aber koffeinfrei. Der Wirt erzählt einen Witz: Ein Schiffbrüchiger wird gerettet und erschöpft an Bord gezogen. Glücklich fragt er den Kapitän: »Wo bin ich?« – »In Sicherheit«, sagt der Kapitän. »Auf der Titanic …«

Das Telefon läutet, und ich werde verlangt.

Es gibt kein Exil mehr.

Und der Steuermann geht über Bord.

*D*er Vater meines Vaters war ein Kapitän. Er drehte sich eine Zigarette, als er auf dem Balkon seines Hauses stand und zusah, wie die »Viribus Unitis« mit dem Leichnam von Franz Ferdinand im Hafen von Pula einlief und Sascha Kolowrat an der Reling stand und die Kurbel der Kamera drehte. Außerdem war der Vater meines Vaters ein guter Geschäftsmann. Er baute mit Krediten Villen am Monte Paradiso, die er dann an die in Pula stationierten Offiziere vermietete. So wurde er für einige Zeit sehr reich. Er fuhr ein Jahr zur See, kam nach Hause, zeugte ein Kind und verschwand wieder für ein Jahr. Das ging sechs Jahre so, bis er sechs Söhne hatte.

Nach dem Ersten Weltkrieg war er arm wie eine Kirchenmaus und begann zu trinken. Da er immer ein Glas in der einen und eine Zigarre in der anderen Hand hatte, öffnete und schloß er Türen, Kästen und Laden mit seinen Füßen. Entsprechend sah die Wohnung am Nußdorfer Platz aus, die er mit seinem Rudel bewohnte.

Als die Nazis im Februar 1944 den Platz vor seinem Haus zur Festung ausbauen wollten, öffnete er mit seinen Füßen seine Kapitänstruhe, schlüpfte in seine Uniform mit den goldenen Schulterstücken, setzte sich den Zweispitz auf, legte die Zigarre ab, nahm den Offizierssäbel in die Hand und stürmte gegen die Eindringlinge vor.

Was für eine Karnevalsverkleidung, dachten sich die einfachen Soldaten. Was für eine Vogelscheuche, dachten sich die Chargen. Was für ein Idiot, dachte sich ein Unteroffizier und ließ seinen Gewehrkolben auf den Schädel des Vaters meines Vaters krachen.

Oktobersong

Der Vater meiner Mutter war ein Brigittenauer Indianer. Er hatte meist ein weißes, kragenloses Hemd an, darüber eine schwarze Anzugsweste. Graue Hosen mit aufgenähten bunten Flecken, schwarze hohe Schuhe. Auf dem langen Schädel, der hauptsächlich aus Nase bestand, einen schwarzen, breitkrempigen Hut mit einer silbernen Taubenfeder – so gesehen war er ein Mestize. Er war trotz offenem Bekenntnis zur eigenen Armut niemandem ein Partner, eher immer ein Patron.

Zwischen Industrieanlagen und Lagerhallen bearbeitete er seinen Garten. Er schien mit seinem Leben zufrieden, in dem sich nur die Jahreszeiten änderten und sonst nichts. Er war ungern in dieser Stadt, die er als Ort der Krankheit bezeichnete. Sein Garten war die Landschaft handfesten Leidens: Schwielen an den Händen, Blasen an den Füßen, Dornen unter der Haut.

Das Stück Eisen hat die Form des Herzens; seine Kanten sind scharf gefeilt. Es steckt in einem geschmirgelten Stiel, den er fest in den Händen hält. Er hackt mit diesem eisernen Herz in den Boden, der mehr Bauschutt als Erde ist. Das Pochen seines angestrengten Herzens gibt den Rhythmus seiner Arbeit vor.

Der Ringfinger seiner linken Hand hat eine tiefe Kerbe.

»Hast du deinen Ehering noch nicht gefunden?«

Er nimmt den Hut vom Kopf und wischt sich mit dem Taschentuch den Schweiß von der Stirn: »Ich hab den Ring in meinem ganzen Leben nie abgelegt. Eines Tages war er verschwunden. Ich habe alles durchsucht. Einfach weg. Er kann nur hier im Garten sein, den Rest der Welt wollte ich ohnehin nie sehen.«

Er geht zu seinem Brunnen, wäscht sich das Gesicht und die Hände. Dann setzt er sich an den Brunnenrand: »Die Erde ist zu weit unten. Man muß sich bücken, wenn man mit ihr leben will. Ich habe mir wegen dem Verlust des Ringes große Sorgen gemacht. Wie auch immer es passiert ist, ich muß weiterarbeiten. Es ist Oktober, und die letzten Karotten des Jahres müssen geerntet werden.«

Er nimmt einen Bottich und geht zu seinem kleinen Reich der Beete und Rabatten. Sorgfältig zieht er die Karotten aus der Erde, eine nach der anderen. Nachdem das halbe Beet geerntet ist, beißt er von einer Karotte ab. »So gut, wie sie sein sollen, Zahltag für einen guten Gärtner.«

Er arbeitet weiter. Auf einmal springt er auf, läuft zurück zum Brunnen, mit der Rechten pumpt er kräftig, in der linken Hand hält er die letzte Karotte des Beetes. Dann hebt er sie auf, in die Richtung des Lichts, vor seine große Nase. »Das ist die Ernte, auf die du gewartet hast … Schau her, auf der Karotte steckt mein Ring. Ich habe Glück gehabt, der Ring ist wieder da. Ein guter Mann und ein guter Gärtner ist einer mit Glück. Als ich gesät habe, habe ich mit meinen Fingern in die nasse Erde Löcher gemacht, die Erde hat mir den Ring vom Finger gezogen, und die Frucht ist durch den Ring gewachsen.«

Er bricht die Karotte und steckt den Ring zurück auf den Finger. Lächelnd geht er in sein Haus, das gebaut war aus Material, das vorhanden war. Er trinkt einen Schluck Wein, gemacht aus den Trauben, die vorhanden waren. Er malt

ein Bild, mit Farben, die in seiner Erde vorhanden waren.
Die Leinwand ist ein aufgeschnittener Jutesack.
Mein Großvater hatte Sinn für die Nuancen seiner Welt.

Ich habe diese Geschichte einer Runde italienischer Bauern erzählt. Wir sitzen auf einem Platz, der nach Dante Alighieri benannt ist. Wir trinken Wein, gemacht aus Trauben, die in ihren Gärten vorhanden waren. Einer lacht und sagt: »Alla faccia ..., die Erde gibt unsere Gesichter frei. Laßt uns trinken, soviel wir wollen, aber nicht immer trinken, wenn wir möchten.«
Eine junge Bäuerin mit grünen Augen und blondem Flaum in ihrem Lächeln beginnt ihre Geschichte zu erzählen: »Ich war vierzehn Jahre alt, als ich von meiner Großmutter das Familienarmband bekam. Ich war ein wildes Kind, wie ihr wißt, ich habe das Armband kurz darauf verloren. Es war der Schatz unserer Familie. Es war aus Gold, mit vielen kleinen Symbolen darauf: ein Haus, ein Baum, ein Stern, eine Sonne, eine Schlange. Meine Großmutter hatte es von ihrer Mutter. Die größte Strafe war, meine Mutter weinen zu sehen. Nur im Garten, nur in unserem Garten konnte ich es verloren haben. Ich habe damals im Herbst das gelbe Laub gesammelt und im Frühjahr das frische Gras gemäht und gerecht. Wann immer meine Familie auf mein Handgelenk blickte, haben sie mir Vorwürfe gemacht: Du hast uns etwas aus unserer Vergangenheit genommen. Und ich habe mir die Schürze abgebunden, bin in den Garten gegangen und habe geweint. – Wie ich letztes Jahr im Oktober geheiratet habe, haben wir in diesem Garten ein großes Fest gefeiert. Das Grünblau der Wiese und das Blaugrün des Himmels waren eins. Nur die aufgestellten Fackeln haben den Garten beleuchtet. In

dem Moment, als die Musik zu spielen begann, sehe ich im Schatten unserer Bäume, wie sich die Erde bewegt. Es war ein Maulwurf, der seinen Hügel schaufelte. Ein Hochzeitsbesuch? In der sich türmenden Erde blitzte und glitzerte etwas. Ein Hochzeitsgeschenk! Auf dem Gipfel des Maulwurfhügels lag das verlorene Armband. Ich habe es meiner kleinen Schwester gegeben. Sie trägt es am linken Handgelenk und umfaßt es in gewissen Momenten.«

Sieht die nicht aus wie meine dicke Freundin Monika, denke ich kurz.

Der Älteste in der Runde, ein Greis, dessen Gesicht hauptsächlich aus Nase bestand, trinkt sein Glas leer, wirft es in hohem Bogen über seine Schulter und lacht mit funkelnden Augen: »Oktober! Das Jahr will zu Ende gehen. Aber die Liebe fängt im Oktober erst an.«

*M*eine Großmutter Theresa hatte bis ins hohe Alter schwarz gelockte Haare, ohne eine einzige graue Strähne. Sie war das einzige Mädchen von sieben Kindern. Ihre Brüder waren große, starke Burschen mit blonden, dünnen Haaren, die als »Veitenhansl-Bande« in der kleinen Ortschaft bei Marienbad lustig unterwegs waren.

Theresas Vater hat sich an einem sehr heißen Tag kurz nach ihrer Geburt, auf der Kellerstiege kauernd, einige Liter kalten Most in die Brust gestellt. Dann ist er eingeschlafen und einige Tage später an einer Lungenentzündung gestorben.

Ihr ältester Bruder hieß Wenzel und war ihr Liebling. Wenzel war Schneider, aber es gab kaum Arbeit, vor allem keine, die seiner Vorstellung von der Schneiderei entsprach. So verließ er das Straßendorf und fuhr nach Amerika. Am 15. Februar 1911 schrieb er die erste Postkarte:

»An Fräulein Resi Veitenhansl, Haus Sonne bei Marienbad, Bohemia, Europe. Liebe Schwester, eine Ansicht von Amerika, New York, sendet Dir Dein Bruder. Das höchste Gebäude ist 48 Stockwerke. Sonst bin ich gesund. Viele Grüße von Deinem Bruder Wenzel, bitte schreibe bald.«

Die Postkarte war von Schaar und Dathel, Ld. Trier, printed in Germany. Neben der Marke stand: Postage: United States and Island Possession Cuba, Canada and Mexico – One Cent. For all other Countries – Two Cents.

Der Stempel sagte: Amsterdam, Feb. 15, 9 PM, 1911, N.Y.

Die Karte zeigte: New York – Bird's eye view of Broadway and City Hall (South of Chambers Street).

Wenzel reiste weiter nach Chicago, er arbeitete zwei Jahre in einer Schneiderei. Dann eröffnete er seinen eigenen Salon. Wurde erfolgreich und nannte sich Veit Hansen.

Seine Kunden waren bullige Herren, die amerikanisch mit italienischem Akzent sprachen. Veit schneiderte ihre Maßanzüge, verkaufte dazu passende Borsalinos, Schuhe und Gamaschen.

Eines Abends bei der Anprobe von zehn Anzügen für einen sizilianischen Herrn und zweimal zwei Anzügen für seine Leibwächter wurde der Salon gestürmt. Andere gutgekleidete Herren feuerten aus Maschinenpistolen mit Trommelmagazinen auf die Gruppe in zusammengehefteten Hosen, Westen und Sakkos.

Sogar die Zeitungen in »Bohemia Europe« berichteten von dem Gangstermassaker in Chicago. Die letzte Karte, die Resi erhalten hatte, trug den Poststempel 13. März 1916.

Sie begann, aus einem Buch Englisch zu lernen und verfaßte einige Dutzend Schreiben an diverse öffentliche Stellen in den USA, um nach dem Verbleib des Bruders zu forschen. Die Briefe blieben alle unbeantwortet. Damals war bereits ein junger Mann an ihrer Seite.

Die Bauern in dem Dorf sprachen nicht viel über den Vorfall. So wie auch nicht viel darüber gesprochen wurde, daß ein Jahr vor Resis Geburt eine spanische Zigeunergruppe im Dorf war und den Frauen den Kopf verdreht hatte. Ihr Anführer mit schwarzgelockten Haaren, der abends stundenlang Gitarre spielte, hatte aus einem Buch Böhmisch gelernt und konnte so mit den Frauen Witze machen, während er sich literweise Wodka in die Brust stellte.

Auf der Straße, wo Sonny Liston Wodka trank

Da flitzte jahrelang eine Vogelscheuche übers Kopfsteinpflaster – mit enormer Geschwindigkeit – mit einwärts gerichtetem Blick. Meist beim Haustor raus, ins benachbarte
Café: »Ein Wodka, ein Mineral, nicht vom Eis, das Telefon!« – und weg war die Überraschung. Hinterhofwärts zu
ebener Erde verschluckt. A. H. arbeitet in seinem Atelier
Wien 7, Kirchengasse.
Über diese Straße erzählt S., ein Astrologe, der nebenbei
zwei Wäschegeschäfte in der Nähe von A. H.s Werkstatt
betreibt: »Früher, ab April, wenn man sich niedergebeugt
hat und ins Gegenlicht, Richtung Mariahilferstraße, ge-
blickt hat, sah man das erste Grün der Halme zwischen den
Pflastersteinen schimmern. Jetzt ist die Gasse verändert,
der Umleitungsverkehr beansprucht sie. Es rollen die
Busse stadtauswärts, ungarische Luxusartikel haben die
letzten Manufakturen besetzt.«
Ich knüpfe die Vorstellung von Freiheit an diese Gasse –
bunte, lebendige Kirchengasse, wo Sascha Kolowrat, der
legendäre österreichische Filmproduzent, in einem Durch-
haus zur Siebensterngasse das Büro der Wien-Film einge-
richtet hat. Auch wenn die Ignoranz der aktuellen Restau-
ration seine Studios zertrümmert und auf den historischen
Grund Reihenhäuser stoppelt – seine Büroräume waren
Heimat in einer Zeit, in der Filmschaffende noch entscheiden durften, was sie realisieren wollten.

Und dann war dieser Flirt: Nicken, ein spendierter Schnaps, herrlich diskret, die Leidenschaft hatte noch keine Attribute. Die Gespräche begannen vorsichtig.

Alfred Hrdlicka weiß einiges über Film. Ich weiß einiges über bildende Kunst. Wichtiger ist dann doch der Verstand der Hände. Seine waren bandagiert, x-mal gebrochen. Meine zerkrümmt.

Alfred Hrdlicka weiß: Sie müssen mit Ton arbeiten, kneten, fühlen, greifen. Ich begreife. Auf einmal vier kaputte Hände und die Hand Sonny Listons: pure Faust.

Da beginnt der Witz der Skulptur: Was ist Stärke ohne Wissen, was ist Wissen ohne Liebe, und was ist Liebe?

Ich finde in seinem Atelier eine Zeichnung: Sonny Liston, ein Totenbild ohne Toten. Die Zeichnung zieht in meine Filme ein, wird Motiv des Films *Phönix an der Ecke*. Die Skulptur zieht letztlich in mein Haus ein. Sie wacht über den Übermut meiner Hände.

Trotz vieler Hrdlicka-Zitate in meiner Filmarbeit ist nichts organisiert, nichts verabredet, und dennoch, wenn es sein soll, treffen wir uns einfach. Es wäre zu leicht, mit Daten, Namen und bewegenden Anlässen aufzuwarten. Ich kann uns dafür nicht preisgeben. Er meldet sich in seiner Unermüdlichkeit und Begegnungsfreude. Eine Berührung ist immer noch so, daß nichts nachher wie vorher war. Ich habe versucht, Gespräche zu protokollieren, es geht nicht. Sie dürfen keinen Namen bekommen, auch wenn es angesagt ist.

So, Alfred, wer du bist, was du bedeutest – viele wissen es. Viel wichtiger, du weißt es nicht so ganz. Denn wenn, wär's ein Unglück: Deine Bewegungen würden langsamer werden, dein Widerstand müder, keine Hoffnung und Neugierde, die Bereitschaft zu reden verkümmern. Der Betrieb würde ansetzen zu zernichten. Aber das kann sowieso nicht geschehen.

Da beschützt ihn der Instinkt der Straße, auch wenn dort leider keine Grashalme mehr wachsen.

*M*eine Großmutter wurde Hausdame und begleitete einen Berliner Journalisten mit seinem Kunsthistori-
ker-Freund nach Italien. Am 3. Mai 1912 schrieb sie mei-
nem Großvater aus Abbano: »Ich bin gut angekommen.
Hast Du meine letzte Karte erhalten? Deine Resi.«
Am 13. Juli 1912 aus Venedig: »Lieber Rudolf. Danke für
Deinen Brief. Sende Dir schöne Grüße. Leider konnten wir
den Ausflug nach Chioggia nicht machen, weil fast jeden
Tag Gewitter ist. Mit lieben Grüßen, Brief folgt.«
Am 22. April 1913 aus Bologna: »Obwohl Du keine Ant-
wort mehr gibst, möchte ich gerne wissen, wie es Dir geht.
Fehlt es Dir an Liebe, oder mangelt es Dir an Zeit?«
Am 18. Juni 1914 aus Florenz: »Vielen Dank für Deine
Zeile. Warum fertigst Du so meine Karten ab? Sonst geht
es mir gut. Du verletzt mich mit Deinen Antworten.«
Am 25. August 1914: »Warum läßt Du mich so lange ohne
Nachricht? Ich bin sehr viel alleine. Meine Herrschaft ist
Medici-Porzellan einkaufen. Was noch weiter vor ist, habe
ich keine Ahnung. Seit gestern wieder Regenwetter. Ich
möchte am liebsten einpacken und fort zu Dir. Was wird
mit dieser Unruhe werden?«
Auf der Postkarte ist ein kleines Bergdorf südlich von Florenz abgebildet.

Zwei Flaschen für ein Halleluja

Das Antiquitätengeschäft verkauft auch Postkarten und Marken. Heute ist Sonntag, alle anderen Geschäfte sind geschlossen. Ich blicke durch die Glasscheibe, das interessanteste Stück ist die Verkäuferin. Ein weißer Himmel mit Millionen Sommersprossen und roten Haaren. Sie paßt überhaupt nicht zu diesem grauen Nebeltag. Ein Tag, an dem das Warten eine einzige Arbeit ist. Man wartet, bis es endlich soweit ist, daß man weder vor noch zurück kann und die erste Flasche Rotwein öffnet. Leider ist es noch nicht so weit, denn die Bar macht erst um fünf auf.

Ich betrete das Geschäft, es ist warm und riecht nach Honigkerzen. Ich heuchle Interesse an zwei nachgemachten Renaissance-Flaschen, deren Preis echt ist. Die Verkäuferin kommt mir erwartungsvoll nahe, leider nicht nah genug. Mit mittelmäßig gespieltem Kennerblick hebe ich eine der Flaschen hoch, das Licht der Honigkerze spiegelt sich auf der geschwungenen Oberfläche. Medici-Porzellan, weiße Glasur mit stilisierten Blüten und Zweigen in Kobaltblau. Eine weibliche Groteske als Verschluß. Ich drehe die Flasche um. Tatsächlich, das Porzellan trägt die Marke »F« und darüber die Kuppel der Florentinischen Kathedrale in blauer Farbe.

Dennoch unecht, denke ich. Mit mittelmäßig gespieltem Verkäuferblick spitzt sie die Lippen. Die totale Einladung, denke ich und bitte sie, die Flasche für mich hochzuhalten. Ihre Lippen wirken jetzt noch frecher. Da lasse ich sie auch die andere Flasche in die Hand nehmen, um besser vergleichen zu können. Ich trete ein paar Schritte zurück, sie steht da mit dem Blick der Frau aus der Gefolgschaft der »Königin von Saba« von Piero della Francesca, weiß und rot, in jeder Hand eine teure, aber unechte Flasche. Das hilft mir, sie ist gefangen.

Ich gehe auf sie zu, mit überzeugend gespielter Leidenschaft küsse ich sie auf den Mund. Sie erstarrt mit großen Augen und läßt es aus Angst um die Flaschen wehrlos über sich ergehen.

Ein erfrischender Vorgeschmack auf den Wein.

Ich nehme ihr die Flaschen ab, stelle sie ins Regal zurück und kaufe zehn frankierte Postkarten. Sie senkt den Blick und gibt mir das Retourgeld. Ihr ruhiges, verhaltenes Gesicht verrät nichts.

Der Nebel ist noch dichter geworden, die Landschaft um die kleine Stadt auf dem Hügel sieht aus wie ein verschmutztes Terrarium hinter Opalglas. Niemand kassiert Eintritt. Keine der Postkarten zeigt die Gegend so, wie sie jetzt ist.

Ich lehne mich in eine Telefonzelle und will beginnen, Adressen zu schreiben. Die Füllfeder funktioniert nicht. Ich nehme ein paar Münzen aus meiner Manteltasche und stecke sie in den Apparat.

»Du wirst eine leere Postkarte von mir bekommen, wenn ich wieder zu Hause bin«, sage ich ihr. »Nichts funktioniert. Ich war um elf verabredet, aber die Bar sperrt erst um fünf Uhr auf. Ich wollte in der Zwischenzeit ein bißchen spazierenfahren, aber das Benzin ist aus, und die Tankstellen streiken heute. Es gibt hier weit und breit kein

Zimmer zu mieten, alle Hotels sind wegen der wochenlangen Regenfälle geschlossen. Aber sonst geht es mir gut.«

Bevor sie antworten kann, ist die letzte Münze im Telefon verschwunden, und wir sind unterbrochen. In der Ferne höre ich die Rolling Stones aus einem Radio.

Langsam gehe ich zwei Runden durch die Stadt, bis ich Experte bin; auch die romanische Basilika ist abgeschlossen. Ich werfe die letzte Zigarette weg und eile Richtung Antiquitätengeschäft: »Haben Sie zufällig auch Zigaretten?«

Zigaretten gehören zu ihrem Verkaufsprogramm. Mit mittelmäßig gespielter Neugier frage ich, ob sie auch einen Kugelschreiber hat. Sie nickt und schiebt die Zigaretten und den Kugelschreiber aus sicherer Entfernung über das Pult.

Schrill wie ein Hahn läutet plötzlich das Telefon. Dankbar für diese Ablenkung hebt sie ab, und ein pulsierendes Liebesgeflüster beginnt. Hier habe ich nichts mehr verloren und ziehe mich mit mittelmäßig gespielter Diskretion zurück.

Bei meiner dritten Runde durch die Stadt sehe ich sie durch die engen Gassen laufen. Als ich wieder an der Bar vorbeikomme, hängt dort ein großer Zettel: »Attenzione Sig. Patzak. Franco Nero arrivera alle cinque.«

Ich gehe zurück in die Telefonzelle, mit der absoluten Gewißheit, daß nichts anderes geöffnet hat, wo ich meine Ansichtskarten schreiben, mich aufhalten und vor der Kälte schützen kann. Verschiedene Adressen, immer derselbe Text: »She's a rainbow!«

Es ist jetzt Viertel vor fünf, ich blicke durch die Glasscheibe hinein in die Bar. Die interessanteste Tatsache ist der Auftritt einer Putzfrau. Sie ist blond und quadratisch und hat Mitleid. Mit ihrer Erlaubnis gehe ich zielstrebig zum Regal und greife nach einer Flasche »Querciagrande«, 1988. Die Mühe des Tages hat sich gelohnt. Das ist kein Rotwein für den Nachmittag, das ist ein Hochzeitstrunk.

Pünktlich um fünf erscheint der Wirt. Während er die zweite Flasche für mich öffnet, zeigt er mir, daß er zwei verschiedene Socken trägt: »Immer wieder verschwinden sie in der Waschmaschine.«

»Ich kenne das«, sage ich. »Deshalb kaufe ich mir nur einfärbige Socken. Da fällt es nicht so auf, wenn einzelne verschwinden.«

Ein Hupen vor der Bar, Franco Nero sitzt in einem Jaguar und winkt mich aufgeregt zu sich: »Avanti, avanti! Wir können alles nach dem Essen besprechen, die Nudeln sind schon im Topf.«

Wir fahren los, zweimal gerade, zweimal verkehrt, und wir stehen vor einem kleinen Palazzo: »Sie ist die aufregendeste Frau, die ich kenne«, sagt er. »Eine weiße Haut mit Millionen Sommersprossen.«

In der Küche steht die Frau aus dem Antiquitätengeschäft. Mit großartig gespielter Gelassenheit gehe ich auf sie zu und strecke ihr die Hand entgegen.

Mit einem Lächeln bittet sie mich, den großen Spaghetti-Topf zu halten. Dann nimmt sie eine Schüssel mit Pesto vom Herd und stellt sie oben drauf. Jetzt bin ich ihr Gefangener.

Mit überzeugend gespielter Gastfreundschaft küßt sie mich auf die Wange: »Die Flaschen sind so echt wie dein Kuß.«

Ich behaupte, ihre verführerischen Blicke waren nicht echt. Mein Vater nannte sie Lola Fröhlich, obwohl sie eigentlich Mizzi Dvorak hieß. Manchmal, wenn sie durch das runde Fenster in der Glasscheibe auf die Kinobesucher blickte, hatte sie aber etwas von Marlene Dietrich im Blauen Engel.

Der Kinobesitzer sah aus wie Michel Simon und freute sich immer über unsere Besuche. Mein Vater trank mit seinem Freund einen Schnaps und mit der Kassiererin einen »Löskaffee«. Beides sah ich ihn sonst mit niemandem trinken.

Wenn Lola Fröhlich alias Mizzi Dvorak die Vorstellung abgerechnet hatte und kurz nach Hause lief, ging mein Vater in den Zuschauerraum und setzte sich zu mir.

Als sie zurück war, um für die nächste Vorstellung die Billetts vorzubereiten, stand er bereits wieder bei der Kassa. Man könnte sagen, daß sein Interesse an Filmen gespalten war.

Bei einem dieser Rendezvous lernte ich James Dean kennen.

Ich saß auf einer Stufe im Kinosaal, er hielt das Gewehr auf den Schultern, wie ein Wasserträger seine Last. Ich war zehn Jahre, er war vierundzwanzig Jahre. Ich konnte mir seinen Namen gerade aufschreiben, er konnte bereits seine Kollegen und Regisseure in die Hölle schicken.

Wolke Cindy

In einem Himmel, in dem sich die Wolken wie nackte Frauen auf einem durch sanfte Sandstrahlung erblaßten Rubens-Bild ringeln, läutet das Telefon. Eine Stimme: »Es ist Endsommer 1995, und ich schlafe noch. Was wollt ihr schon wieder?«

»Ich habe den Auftrag, ein bißchen zu gratulieren. Es ist etwas peinlich: zum 40jährigen Abgang.«

»Ihr habt Sorgen! Naja, ruf in einer Stunde wieder an. Ich geh' mit einer Bekannten einen Kaffee trinken. Probier's auf der Wolke Cindy, dort sonnt sich meine Freundin Pier Angeli. Außerdem gibt es dort eine Raucherzone. Aber ich warne dich. Auf dumme Fragen gibt es dumme Antworten, klar? Und noch etwas: Ich bin informiert, verstehst du? Ich zapfe den Astra an. Also bin ich dabei. Mein Lieblingsprogramm ist der ORF. Meine Bekannte hat mir das eingeredet. Sie spielen dort ab und zu ihre Filme.«

Klick. Schluck, Schweigen. Aus.

Eine Stunde später: »Die Raucherwolke? Moment, ich verbinde Sie mit Jimmy!«

»Hallo! Also was hast du da unten gemacht in der letzten Stunde?«

»Ich habe gemalt, bin aber nicht fertig geworden. Die Farbe trocknet nicht.«

»Die Erdoberfläche hat sich auch nicht in ein paar Tagen so hübsch zerknittert, wie ich sie jetzt sehen kann. Laß der

Farbe Zeit. Ich habe mir in der Zwischenzeit wieder durchgelesen, was so über mich gebracht wurde. Junge, Junge, die schreiben von einem Regen in den anderen und gehen dabei an der Traufe vorbei. Alles von der Wahrheit so weit entfernt wie ein Nachrichtensprecher von einer Kampfhandlung.«

»Schon reagieren Sie aufbrausend wie Jim Stark in Nicholas Rays Film.«

»Sei nicht so gebremst. Es gibt genug Bremser, die täglich die Oberbremse erfinden. Blöde Filmhelden erzeugen noch blödere. Schlechte Zeitungen machen noch schlechteren Mut.«

»Und Zornige imitieren Zornige?«

»Auch richtig. Am Astra zeigen sie aber nichts Zorniges – nur Angepaßte, die ihr Überleben darin sehen, noch Angepaßtere zu imitieren ...«

»Sie haben mit Ihren drei Filmen doch ...«

»Gar nichts habe ich erreicht! Ein paar Rasche haben Auf-Jimmy-komm-raus kopiert. Ein paar Teenager haben Regenbögen gesehen, bevor sie in Reihenhäusern zu Hausfrauendiensten angetreten sind. Verdient haben natürlich einige an mir. Aber die hätten auch ohne mich verdient. Weil Verdiener eben über Verdienen nachdenken, und so verdienen sie, wenn sie gut sind, schon beim Gedanken ans Verdienen.«

»Ihr scheuer Blick, das kleine Lächeln, der wiegende Gang – die Fachleute sehen das als Nippel-Nein-Trotz-Ja-Aggressionsverhalten, ausgelöst durch den frühen Tod der Mutter?«

»Ach, Blödsinn. Ich bin neun Jahre von meiner Mutter umarmt worden. Habe neun Jahre meinen Kopf in der Weltzone ihres Halses und ihrer Schultern gewiegt, und ihre Küsse waren wie ein Trichter aus Liebe und Schutz.«

»Und die Tante, die Sie erzogen hat? Auslöser für Depressionen oder für Sado-Maso-Spiele? Das Tante-komm-her-und-hilf-mir-weiter-Syndrom?«

»Sie war wie eine feine weiche Decke, eine weiche Sonne im Winter. Ich werde nie die Abende vergessen, an denen ich ihr Gesicht mit meinen Händen untersuchen durfte. Jede Falte, jedes graue Haar ein Kuß. Diese Schmerz- und Unglückstheorie als Motiv für Begabung ist doch Quatsch. Der ›Begabung aus Verkommenheit‹-Schwachsinn. Der ›Jugend defekt, später genial‹-Blödsinn!«

»Fachleute bezweifeln ja, ob Sie wirklich so ein begabter junger Schauspieler waren« – hüstel – »oder nur ein Typ, der für wenige Momente funktioniert hat.«

»Hör ich recht? Seid ihr noch zu retten? Ihr setzt ein filmisches Quartett von in helles Tuch verkleideten ›Blunzen‹ ein, die programmbildend dahinsäuseln, ob *Jenseits von Eden, … denn sie wissen nicht, was sie tun* oder *Giganten* besser war. Ich verstehe es ja, daß mein Gesicht eine Zumutung für so eine Runde ist, aber ihr wißt wirklich nicht mehr, was ihr tut. Bald wird euch die Welt unter dem Arsch weggezogen – und dann bitte: Jenseits von Eden.«

»Dieser Autounfall mit dem Porsche am 20. September 1955. Selbstmord, mythenbildend: Sterben wie Jimmy. Ein Massenidol entsteht. ›Die Welt in einem Blitz verlassen‹, ›Lebe schnell, stirb jung und gib eine schöne Leiche ab‹. Und viele andere Aussprüche. ›Ein Rebell ohne Ideale‹. Koketterie?«

»Ich kann es nicht mehr hören. Ein blöder, verhängnisvoller Unfall. Sonst nichts. Glaubst du, ich wäre nicht noch gerne am Leben, könnte eingreifen, mich einmischen?

Mythos hin oder her. Bauch rauf oder runter. Leben. Mit Frauen, Kindern, Freunden, Hunden, Katzen. Ab und zu durch einen Film stolpern. Immer noch genug Geld verdienen, um ein paar Wochen fischen oder mit Marlon Brando Motorrad fahren zu können. Glaubst du, ich ziehe das Tot-auf-der-Raucherwolke-Sitzen dem Leben vor? Von Zeit zu Zeit aus der Illustriertenkiste oder einem Mogelbuch steigen müssen, mal original, mal als Double für Schneiderstangen oder als Luxusposter – besonders fad.«

»Aus St.Pölten hört man ab und zu anderes. Daß Sie sich da oben wolkenmäßig ziemlich aufführen sollen. Sich bei Partys outen. Autorennen veranstalten, daß es nur so gewittert, sich weder an die Anweisungen des Veranstalters noch an den Text der Choräle halten. So wie früher bei den Dreharbeiten. Sich mit Eiszapfen bewaffnen, laut mit Ursula Andress streiten, dann wieder wie ein kleiner Junge den ›Kleinen Prinzen‹ zitieren: ›Das Wesentliche ist für die Augen unsichtbar. Man sieht nur mit dem Herzen gut.‹«

»Die Produktionsgesellschaft hier oben hört und liest ja auch den ganzen Schwachsinn und beginnt, mich dadurch anders wahrzunehmen. Nicht mein Spiel ist das Ereignis, sondern das Sekundäre, das aus meinen Spuren gedeutet wird. Erst gestern habe ich mit River Phoenix musiziert. Wir haben am Flügel vierhändig das ›Veilchen‹ von Mozart einstudiert. Er hat mir erzählt, daß es ihm langsam genauso geht. Schon kommen die ersten Anfragen. Dieses Internet ist einfach die Hölle.«

»Wer ist eigentlich Ihre Bekannte, die Ihnen über die Filme im ORF erzählt?«

»Sie heißt Romy Schneider. Im Moment hat sie gerade wieder ihre wohlverdiente Ruhe.«

Ruhe. Kein Fernsehgerät, kein Radio, keine Musicboxen in den Wirtshäusern. Nur drei Geräte im Wohnungsbestand. Eines mit zwei Metallgriffen. Ein Kasten mit einer Kurbel zum Drehen. Die Metallstäbe in den Händen, die Kurbel leicht gedreht – kribbeln, die Kurbel rasch gedreht – Zuckungen im Brustkasten: ein Elektro-Massagegerät, angeblich gegen Rheuma. Ein Grammophon, auch mit Kurbel. Im Deckel zehn Schellacks, von »Adieu, mein kleiner Gardeoffizier« bis »Ein Lied geht um die Welt«. Am Ofen das dritte Gerät: eine aus einer Sardinendose gestaltete Spirale auf einem Dorn, die sich durch die aufsteigende heiße Luft drehte, und – wenn die Petroleumlampe richtig stand – weiße Lichtpunkte auf das Seidenglanzmuster der Wandbemalung projizierte.

Am Morgen die Tagesration Zigaretten stopfen und in eine Aluminiumtabatiere schlichten, während am Gang die Kübel für das Waschwasser gefüllt werden und eine Verwandte von Fräulein Mutzenbacher im Kohlenkeller unter den Pranken des Rayon-Inspektors auf ihren zwei Marsmondbacken ihr erstes Morgenständchen singt. Wie ein Vögelchen mit rußigem Schnabel.

Meine Großmutter hatte einen Wellensittich. Sie wollte in der Zimmer-Küche-Wohnung einen Singvogel. Sie nannte ihn Pipsi. Pipsi sang aber nicht. Mit diesem Namen? Er vergrub von Zeit zu Zeit seinen Kopf zwischen den Flügeln und zupfte mit dem Schnabel zwischen den Federn. Mein Großvater äußerte den Verdacht eines schweren Milbenbestandes.

Gibt es das bei Vögeln?

Er badete Pipsi in einer Hirschseifenlauge und setzte ihn zum Trocken auf das Sardinendosen-Perpetuum-Mobile auf dem Ofen. Pipsi fiel nach wenigen Minuten von dem Ringelspiel und war tot.

Mein Großvater feuerbestattete ihn und trocknete die Tränen meiner Großmutter mit seinem Sacktuch. Dann ging er spazieren, und als er wiederkam, hatte er einen kleinen gelben Plastikvogel mit Mundstück zwischen den Lippen. Meine Großmutter beäugte ihn wie einen besoffenen Komantschen. Er trällerte bis in die Nacht, bis sich die Nachbarn beschwerten. Dann nahm sie den Plastikvogel aus seinem Mund und schmiß ihn auf die Glut im Ofen, wo er sich in Sekunden in eine kleine schwarze Kugel verwandelte.

Fauler Zauber, dachte sie sich und beschloß, am nächsten Tag ins Kino zu gehen.

Der Zauberer ist tot

Wir sind mittendrin in der Drehzeit, der Drehort liegt in Mähren. Der Film heißt *1945*. Der Umgang mit Dekorationen, Kostümen, Fahrzeugen und Waffen versetzt uns in die Nachkriegszeit. Nicht nur die alltägliche Atmosphäre und die Bauten könnten der Phantasie des Meisters entsprungen sein.

Einspruch: Phantasiesplitter, natürlich, alles andere wäre Anmaßung. Anmaßung im Sprachgebrauch Filmgewerbetreibender: »Das sieht aus wie bei Fellini!«

So wurde sein Name zum Stempel des eigenartig Bizarren, des verschlüsselt Poetischen, des laut Polternden oder gar des verspielt Komischen.

Während sich die Interpreten noch im Krankenbett in Fellinisten, Fellinianer oder Fellinilogen aufsplittern, findet man das Wort »fellinesk« bereits in den Wörterbüchern.

Ein Phantasiesplitter also: eine mittelalterliche Fassadenstadt, ein potemkinsches Dorf in Mähren. Kalte Finsternis und Nebel. Unbeleuchtete Straßen mit ausgefransten Schattenfiguren, ein einziges Lokal, mit 15 Watt beleuchtete Holztische, eine lange Theke. An manchen Tagen hat man die Möglichkeit, helles Bier zu trinken, an anderen Tagen schwarzes Bier oder keines. Heute gibt es Wein.

Wir sitzen seit Drehschluß in einer Nische und sind Gefangene unseres Themas. Vadim Glowna, Konstantin Wecker, Cornelia Froboess, Helmut Griem und ich ziehen

Bilder aus der Kindheit aus dem Ärmel. Glowna ging mit dem Kriegsheimkehrer, der sein Vater war, ins Hamburger »Stern«-Kino. Der Film hieß *Mein großer Freund Shane*, mit Alan Ladd. Das Kind hatte den Film schon einige Male gesehen und identifizierte sich mit dem kleinen Buben, der mit dem Vater durch die Welt zieht. Vadim hatte an diesem Tag zum ersten und letzten Mal gesehen, daß sein Vater weinte. Wecker erzählt von den kleinen Bandenkriegen in München, Froboess von einem Tag, an dem sie von ihrem Musik- und Plattenmanager unbeobachtet geblieben ist und allein auf einem Trümmerhaufen spielen konnte wie ein Kind. Helmut Griem trinkt »Vavrinecke«, einen Rotwein ohne weitere Bezeichnung auf dem Etikett, und berichtet von seinen Diebszügen nach Kupfer und Messing. Und ich davon, daß ich Lebertrankapseln gesammelt habe, die von den Amis aus den Flugzeugen über Wien mit abgeworfen worden sind.

Der Aufnahmeleiter öffnet die Tür. Zigarettenrauch strömt aus dem Lokal, Kohlerauch herein. Er bringt Zeitungen.

»Fellini ist gestorben«, sagt er und setzt sich zu der verstummten Runde. Der Käse-Ketchup-Toast, das 15-Gramm-Kotelett »Hussein« werden kalt, das Schweigen hält an, weil wieder einer der großen, unbestechlichen Individualisten die Welt verlassen hat. Film hin, Film her – wäre er Konzernchef oder Politiker gewesen, dann hätte der Apparat ihn schon längst in Rente geschickt. Individualisten wie er werden schon bald nur noch im Museum zu bewundern sein.

Fellini, der Schöpfer eigener Bilder, hat schon Monate vor seinem Tod gewußt, daß die Bildbedürfnisse dieser Zeit berechneten Marketing-Strategien gehorchen. Durch ein

Signal hat er zu erkennen gegeben, daß er sich von dieser Bilderwelt zurückzieht. Er hat seinen schwarzen Hut gezogen und sich als Regisseur verabschiedet. Als er bei der Oscar-Verleihung formulierte: »Ich habe ein glückliches Leben gehabt!« – da wußten wir, daß er nichts mehr vor sich hatte.

Der Taxifahrer, der mich in den Sechzigerjahren zur Cinecittà führte, hatte noch nie einen Fellini-Film gesehen. Das hat er mir später erzählt, aber Fellini kannte er und wußte, wie man sich ihm gegenüber zu verhalten hatte. Vor uns fuhr ein kleiner Fiat, beim Schlagbaum des Geländes blieb er stehen, ein großer Mann stieg aus und verschwand in der Portierloge. Zehn Minuten vergingen, der Fiat blokkierte die Straße, hinter dem Perlenvorhang sah man den Portier und den großen Mann ein Glas Wein heben. Ich wurde nervös. Mein Termin.

»Hupen Sie einmal«, sagte ich, aber der Taxifahrer hupte nicht.

Nach weiteren fünf Minuten: »Hupen Sie doch endlich einmal. Hinter uns steht ein Konvoi von fünfzehn Autos.« Ernst drehte sich der Fahrer um und blickte mich durchdringend an: »Bei Fellini hupt man nicht, verstehen Sie?« Ich verstand.

Unsere Runde versteht auch.

»Weißt du noch, wie Scorsese auf dem Schoß von Fellini gesessen ist und Fellini ihm befahl, den Bart abzurasieren? Das war nach *King of Comedy*, und Scorsese hatte gerade den Orvieto entdeckt und ihn getrunken wie Wasser.«

»Weißt du noch, wie Fellini mit schwarzem Mantel und schwarzem Hut ins Hotel Fenice in Venedig kam und erfuhr, daß Peckinpah schon seit zwei Tagen schläft? Fellini ging schnurstracks auf sein Zimmer zu, öffnete die Tür, setzte sich zu Peckinpah aufs Bett, rüttelte ihn wach. Peckinpah machte die Augen auf und sagte: Hi, friend: I just dreamed about you … – Am nächsten Tag fuhren die zwei gefährlichen Kinder stundenlang mit der Gondel, der Drehtag fiel aus.«

»Nur die zwei Giganten Fellini und Visconti sind sich nicht so gerne begegnet. Wenn sie auf dem Gelände der Cinecittà waren, mußte Zeffirelli, damals noch Regieassistent bei Visconti, in die Kantine vorgehen und seinem Meister berichten, ob Fellini drinnen war oder nicht. Wenn ja, flüchtete Visconti in ein Ristorante außerhalb der Filmstadt. Der Überrealist Visconti schätzte es nicht, daß ein Regisseur seine Schauspieler vor der Kamera Nummern aufsagen ließ, um ihnen später auf dem Schneidetisch Worte auf die Lippenbewegungen zu schreiben. Für Fellini war Visconti, der Aristokrat, vielfache Millionär und Marxist, ein pingeliger Realist. Er hat sich zerkugelt, als er erfuhr, daß Visconti während der Drehzeit zu den *Verdammten* die Produktion zum Stehen brachte, weil in den Karaffen auf dem Eßtisch italienischer Wein war und nicht, wie es der Herkunft der Personen entsprochen hätte, Moselwein.«

»Sie sind die gefährlichen genialen Kinder. Entweder sie spielen miteinander, oder sie führen Krieg gegeneinander. Oder ihre Beziehung schlägt um wie bei einem Backdraft.« Konstantin Wecker zeichnet mit schwarzen Strichen einen Baum auf das Tischtuch. In die Krone des Baumes setzt er eine dünne Figur: »Voglio una donna – Eine Frau, ich will eine Frau …«

Ein Bild aus dem Film *Amarcord*. Der Verrückte hat sich auf den Baum zurückgezogen. Er hat die Nase voll und schreit, was jeder Italiener in so einer Situation schreien würde. Nichts kann ihn bewegen, vom Baum zu steigen, bis ihn endlich eine Zwergnonne energisch herunterbeordert.

»Fellini vermittelt ein Lebensgefühl. Das Leben zu leben und das Leben zu nehmen.«

Sein Film *Die Stimme des Mondes* wurde von der Kritik als schlapp und müde verrissen. Jetzt schlagen wir die Zeitung auf, und derselbe Film wird als geniales Meisterwerk beschrieben. Immer, wenn ich so etwas lese, scharrt eine Ratte in meiner Brust.

Originalton Fellini: »Viele behaupten, ich sei ein Lügner, und dies wird ständig wiederholt ... Jedenfalls glaube ich, daß es an meinem Leben nichts Erzählenswertes gibt. Ich bin geboren, bin nach Rom gekommen, habe geheiratet und bin nach Cinecittà gegangen. Sonst nichts. Meine Filme sind hunterprozentig erfunden, von der ersten bis zur letzten Szene. Nichts ist der Wirklichkeit entnommen ... Wenn man etwas Wahres sagen wollte, müßte man das ICH weglassen, aber ohne das ICH geht es nicht.«

Clown, Zauberer, Lebenskünstler. Auf Wiedersehen.

Wir sind die letzten Gäste, es ist spät, um sechs Uhr früh haben wir Drehbeginn. Wir verlassen das Lokal und schreiten durch das potemkinsche Dorf. E la nave va.

*O*Romy Schneider, o Romy Schneider, wie bunt sind deine Blätter, du blühst nicht nur zur Sommerszeit, nein, auch im Winter, wenn es schneit«, sang Michel Piccoli am Beginn jedes Drehtages, selbstverständlich im feinsten Deutsch. Und Romy Schneider lächelte, daß die Beleuchter die Scheinwerfer nicht mehr anstellen mußten. In dem Film Trio Infernal, der damals entstand, mordeten Romy Schneider, Michel Piccoli und Mascha Gonska reiche Herrschaften, um sie dann in Säure in ihrer Badewanne aufzulösen.*

Mascha Gonska steckte mir, einem Assistenten, vor jedem Drehtag einen Zettel zu. Der Text begann immer mit »An dich!«. Später kam sie mit verschiedensten Kleidungstücken an: grünen Cordhosen, beigen Flanellhemden, braunen Strickwesten, karierten Sakkos und genagelten, senfgelben Lederschuhen. Sie wollte, daß ich aussah wie ein Landlord und mit ihr im Bois de Boulogne spazierenging, um anschließend Château Petrus zu trinken. Das Einkehren konnte ich mir durchaus vorstellen, die Verkleidung weniger.

Romy tanzte in diesen Nächten in kleinen Restaurants in der Gegend von Les Halles. Mit engen Jeans, löchrigen Tennisschuhen, offenem Hemd und einem weiß und hellblau karierten Kopftuch. Sie trank Champagner und lachte. Nur einen Namen durfte man nie erwähnen, denn dann verschwand das Lächeln aus ihren Augen: »Alain«.

A l'amour comme à la guerre

Sie drehte wieder einen Film in Frankreich, das ihr zur zweiten Heimat geworden war. Seit längerem hatte sie eine Vorliebe für dunkelhaarige Männer entwickelt. Bei diesem Film hatte ihr Partner schwarzes, glattes Haar. Auch wenn sie nicht am Set gebraucht wurde, blieb sie, in einiger Distanz, meist unbeweglich in einem Stuhl sitzen und beobachtete ihren Liebhaber beim Spielen. Kettenrauchen.

Niemand im Team hat etwas von ihrer Leidenschaft entdeckt. Nur einmal hat sie sich fast verraten, als sie beim gemeinsamen Mittagessen das Fiorentina von ihrem Teller nahm und es auf den ihres hungrigen Partners legte. Dabei flüsterte sie: »Wollen Sie mein Fleisch?« Worauf er hell auflachte und ausrief: »Oh, ja!«

In dieser Zeit trug sie meistens ein schwefelgelbes T-Shirt mit der Aufschrift »A l'amour comme à la guerre«.

In der Nacht verkleideten sie sich. Sie meist mit blonder Perücke. Sie fuhren zu einer Arbeitersiedlung, wo ein Wellblechhangar als Diskothek ausgebaut war. Dort tanzte sie, bis ihre nackten Füße schwarz waren. Und er, bis er betrunken war und nichts mehr jenseits seines privaten Kosmos wahrnahm.

In der späteren Nacht reinigte er in der Badewanne ihre Fußsohlen mit seiner Zahnbürste. Er bestand darauf, sich mit ihrem Schampoo den Kopf zu waschen –, mit ihrer Lotion zu parfümieren und dieselbe Menge Schlafpulver zu schlucken wie sie. Sie liebten sich innerhalb von Blau und Rot, immer mehr und nie genug.

Bei den Dreharbeiten mußten sie Distanz halten, aber schon im Hotellift waren sie sich so nah, daß sie sich die Nägel von den Fingern fressen mußten. Der Bebenherd ihrer Körper schnurrte wie ein Filmprojektor, der einen Hardcore-Liebesfilm projiziert. Eine Dramaturgie zwischen bedingungslosem Ausleben und bedingungslosem Eingrenzen. Ein brutaler Film, der die Protagonisten zusehends verzweifelter und verrückter machte.

Eines Nachts wollten sie sich duellieren. Ein Wettzielschießen. Eine heruntergekommene Bretterbude als Schießstand. Zwei Luftdruckgewehre, dreißig Bleikugeln, hundert blaue und rote Rosen.

Sie ging von Anfang an in Führung. Sie schoß konzentriert und unfair: Sie lehnte sich an, stützte sich auf, preßte sich so sehr an das Pult, daß sie Blutergüsse auf ihren Hüften bekam.

Er wußte, daß sie gewinnen mußte. Kettenrauchen. Zwei Punkte Vorsprung schienen genug.

Der Film ging zu Ende. Wie gut, daß sie einen Traum von ihm hatte.

Ihr Krieg und ihre Liebe begannen und endeten mit einer Art Summen im Kopf. Dann inszenierte sie feinfühlig seine Exekution, indem sie einfach abreiste und ihm ihre Gerüche und Papierblumen im Hotelzimmer zurückließ. Kettenrauchen.

Er flog rücklings in den Weltraum, und die Poesieblätter mit trunken formulierten Gefühlen fielen ihm aus der Hand. Auf einem stand: »Gefangensein ist besser als Speck!«

Auch er reiste ab, ein Aufbruch mit weichen Knien. Mit kindlicher Hilflosigkeit hob er vor dem Hoteleingang die Hand.

Am Flughafen wußte er nicht, welche Maschine er wohin nehmen sollte.

»Es gibt doch kein Ziel zu erreichen. Liebe produziert keine Ergebnisse. Liebe ist Liebe. So wie Spazierengehen nur Spazierengehen ist. Wenn man nicht weitergeht, herrscht Stillstand. Die Ungewißheit, ob wir uns wiedersehen, ist doch schönes Leben. Und was wir erlebt haben, wird sich nie mehr wiederholen.«

Viele Jahre später sitzt er in einem Gartenrestaurant, am Nebentisch eine Familie, offensichtlich nach einem Begräbnis. Ein Verwandter wendet sich an das zwölfjährige Waisenkind: »Wenn er nicht hundert Zigaretten am Tag geraucht hätte, wäre dein Vater nicht gestorben.«

Das Mädchen rollt die Unterlippe nach außen und starrt ihn an. Dann sagt sie: »Es geht meinem Vater sehr gut. Er ist im Himmel, sitzt auf einer Wolke und kann jetzt so viele Zigaretten rauchen, wie er will.«

Der Liebhaber hebt das Glas, schaut in den Himmel und prostet einer Wolke zu: »Es geht dir gut, du kannst jetzt lieben, leben und kämpfen, wie du willst.«

Schon als Kind konnte ich nur drei Sterne aneinanderreihen. Die Tierkreiszeichen und funkelnden Himmelshäuser waren mir als Lichterhaufen zu undurchschaubar. Aber innerhalb dieses ptolemäischen Regelwerkes und dem ganzen blitzenden Murks war es mir ganz leicht, ein eigenes Drei-Punkt-Stern-System zu erschaffen.

Es war eine klare Nacht, und am Wenzelsplatz in Prag brannten mehr Kerzen auf dem Asphalt, als Lichter am Himmel zu sehen waren. In dem Moment, wo ich das Auto mit Jean-Pierre Léaud über die Moldau lenkte, war die Stimmenglocke der versammelten Prager so tragfähig, daß das Auto zu schweben begann.

An der Grenze nach Österreich standen noch immer Uniformierte mit Schnellfeuerwaffen im Anschlag, mein Passagier sprang aus dem Auto und lief schreiend in die Dunkelheit. Eine Salve Leuchtpatronen in die Nacht geschossen, und eine halbe Stunde später saßen wir beide unverletzt wieder im Auto.

Endlich zu Hause, blickte mein Passagier lange auf ein Bild des Art-Brut-Malers Oscar Tschirtner: zwei Figuren im Profil, Nase an Nase, Stirn an Stirn, die Arme gehen ohne Hände ineinander über. Eine besondere Umarmung. In den Schulterblättern der schwarz-weißen Tuschfiguren leuchten zwei ausgemalte rote Herzen.

Mein Passagier legte seine Arme deckungsgleich überein-

ander und gab vor, schlafen zu wollen. »Wie lange darf ich?
Zehn Stunden oder zwölf Stunden?«

»Rückreise morgen nachmittag, du hast Zeit«, beantwortete ich seine Frage.

Ich besitze eine Espressomaschine, und in meinem Haus stehen viele Telefone. Jean-Pierre setzte sich auf das Bett in meinem Büro.

Nach einiger Zeit spürte meine rechte Hand unter meiner rechten Gesichtshälfte, wie mein Atem anhielt. Schritte, deren monotoner Rhythmus immer wieder durch Verweilen unterbrochen wurde, hatten mich geweckt. Ich setzte mich in der Dunkelheit auf. Jean-Pierre sah mich nicht. Er ging zur Kaffeemaschine, deren Hebel er drückte, von dort zum Bild, sprach mit der Umarmung, ging zum Telefon, nahm den Hörer ab und flüsterte, ohne zu wählen, mit einer ihm vertrauten Person. Dann ging er wieder zur Kaffeemaschine, drückte abermals, ohne eine Tasse unterzustellen, darauf stand er wieder vor dem Bild, um abermals den Hörer des Telefons abzunehmen und, ohne zu wählen, leise und liebevoll zu sprechen.

Bis es Tag wurde, wanderte er, mit nach innen gerichtetem Blick, von Stern zu Stern zu Stern. Ein eindeutiger Anhänger des Dreipunktesystems.

Einige Stunden später, Jean-Pierre wirkte auf dem Weg zurück nach Prag ausgeschlafen und glücklich, machten wir im Künstlerhaus der Gugginger Psychiatrischen Klinik halt. Léaud wollte unbedingt eine ähnliche Umarmung von Tschirtner erwerben. Der Psychiater Hans Feilacher öffnete uns, die beiden betrachteten einander mit einem Täter- und Opferblick.

Die Nachtuhr, die so manche Geister einläßt, war stehengeblieben. Woanders fließen ihre Zeiger unmerklich weiter.

Eine moderne modische
Geistergeschichte

Das Flugzeug, aus Rom kommend, landet auf der Piste vor
Venedig. Die Maschine ist spärlich besetzt. Wer fliegt
schon in die Lagunenstadt, wenn es finster, naß, kalt und
neblig ist?
Sophia Loren hat sich vorgenommen, sich einige Tage im
Hotel Danieli zu verstecken und bei einem Traumtief-
schlaf auszuruhen.
Bei der Gelegenheit könnte sie sich natürlich auch in aller
Ruhe nach neuer Garderobe umschauen. Schließlich wird
ihr bald der Ehren-Oscar überreicht – und den in der Zwischenzeit branchenbeherrschenden Japanern etwas italienische Kultur vorzuführen, ist nicht das Schlechteste.
Das Motorboot, das sie abholen soll, hat Verspätung, und
so besteigt sie wie jeder andere auch ein Vaporetto Richtung San Marco. Der Steuermann muß den Weg blind fahren können, denn bei dem herrschenden Nebel sieht man
kaum zehn Meter weit. Bei der S. Chiara in der Nähe der
Piazzale Roma steigen ein paar Arbeiter ein, fahren offensichtlich zur Geisterwerftstadt Sacca Fisola. Ab und zu
lächelt sie einer an, nickt oder schüttelt ihr mit blitzenden
Augen die Hand.
Der alte Portier im Danieli kennt sie seit zwanzig Jahren
oder länger, doch diese Vertrautheit ist in seiner höflichen
Begrüßung nicht zu spüren. Sie betritt die gewohnte Suite.
Sie duscht heiß, trinkt einen Bellini, bekleidet sich mit ei-

ner eleganten Version eines Jogging-Anzugs, einen Daunenmantel drüber, eine Wollhaube tief ins Gesicht. So tritt sie wieder auf die Straße.

Ich bin zur selben Zeit in Venedig. Ein Freund hatte mir von dem Bild einer Frau erzählt, die auf der rechten Hand einen Hahn trägt, während sie in der linken das Planetenzeichen des Mars in einem strahlenden Dreieck hält. Er trug mir auf, dieses Bild in einer der vielen Antiquariate zu suchen und für ihn zu erwerben. Ich hatte damit bereits einige Tage verbracht, ergebnislos.

Sophia Loren schreitet unerkannt über den Markusplatz, die Merceria entlang Richtung Rialto, blickt in die Auslagen, goutiert die neueste Mode. Die Calle Fabbri Richtung San Marco zurück. Die Calle Larga XXII Marzo Richtung Accademia. Ab und zu betritt sie einen Salon, läßt sich Kleider, Kostüme und Abendroben vorführen. Die Verkäufer sind über diesen Besuch entzückt, obwohl sie mit seitlichen Blicken die Figur von Sophia süßsauer lächelnd taxieren.

Sie probiert die Sakkos mit den tiefen Einblicken von Hermès oder einen Büstenhalter kombiniert mit Super-Mini, einen viel zu engen Faltenrock von Lolita Lempicka, ein Schwangerschaftskleid in Schockfarben von Gianfranco Ferré, ein Zigeunerset mit aufgedruckten Gummibärchen von Emanuel Ungaro, einen Blazer, der aufgrund von Sophias Oberweite so offen bleibt, daß der Atem des Verkäufers durch die Arme bläst. Er ist genauso verzweifelt wie die Loren: »Ich habe noch etwas, ein bißchen chic, ein bißchen elegant!«

Also was jetzt?

Reicht ein Begriff nicht aus, müssen sich Widersprüche widersprechend auf einen Unsprachhaufen häufen.

Der Verkäufer bringt eine Glockenhose mit Blumenmuster, alles zu klein und zu eng.

»Was ist los mit Ihnen? Bin ich ein Teenager oder eine Aerobic-Bohne? Ein Kleidchen so groß wie ein Taschentuch, das hätte Jacqueline Kennedy in den Sechzigerjahren tragen können. Wir sind in Italien, Impresario.«

Wie recht sie hat.

Im Palazzo Ducale hängt Tintorettos »Bacchus, Ariadne und Venus« – alle haben ein Bäuchlein und runde Hüften. Und erst »Die drei Grazien«. Da würde jeder Modefürst Atemnot bekommen und in Ohnmacht fallen. Die Europa auf dem Bild von Veronese zeigt eine Brust wie ein Kürbis. Der Tiepolo »Neptun überreicht Venedig die Gaben des Meeres« – obwohl von Hermelin versteckt, sieht man Venedigs polsterige Schultern. Und erst Giorgiones »Der Sturm« oder Piazzettas »Wahrsagerin des Reichtums« – was haben sie mit Venedig gemacht?

Frustriert kommt sie ins Hotel zurück, keine einzige Einkaufstasche in der Hand. Es ist noch kälter geworden, es hat zu schneien begonnen, in der Lagune brechen sich turmhohe Wellen. Sophia schließt die Fenster, zieht die Vorhänge zu. Sie bestellt den Tisch im Restaurant ab, trinkt ein Glas Rotwein und beschließt, am nächsten Morgen einen alten Freund, den Kostümmeister des Teatro La Fenice anzurufen, um zu fragen, was sie bei der Oscar-Gala tragen soll.

In dieser Nacht werde ich von Adresse zu Adresse geschickt, von dem Bild hat man gehört, wo es zu kaufen wäre, weiß niemand. Ich lande bei einem mir lange bekannten Maler und verbringe den Rest der Nacht frierend in seinem Atelier.

»Sophia, che piacere, benvenuta a Venezia«, tönt der Kostümmeister um zehn Uhr vormittags. Der Nebel hat zugenommen. Sophia erzählt ihr Problem. Diese Mode sei nicht für sie geschaffen: »Die Farben sind aus dem Computer. Irgendwer irgendwo steuert die Textilindustrie, wahrscheinlich die schwarzgekleideten Japaner.«

Der Kostümarchivar empfindet mit. »Die Frauen haben jetzt Muskeln, sie tragen elastische Hosen mit hohen Turnschuhen. Wir haben schon zehn Selbstmorde in Venedig – angereiste wunderschöne Damen, für die es keine Konfektionsgröße mehr gab. Verzweiflungstäterinnen. Kommen Sie zu mir, heute noch, gegen Mitternacht habe ich Dienst. Ich werde das Passende finden.«

Sophia ist erstaunt: »Dienst um Mitternacht?«

»Ja, eine Gesellschaft. Sie werden sich wohl fühlen, alles liebe Leute.«

»Ich möchte ungern vor Fremden meine Körpermaße und Kostümprobleme diskutieren.«

»Keine Angst, keine Angst. Niemand wird uns stören. Eine fast unsichtbare Gesellschaft.«

Sophia bestellt gekochten Fisch, trinkt Donna fugata aus Sizilien, geht in ihrer Suite auf und ab, blickt wiederholt in den Spiegel.

»Eine Frau muß aussehen wie eine Frau«, erklärt sie sich, wieder selbstbewußt. Um 23 Uhr wird sie sich auf den Weg machen. Hoffentlich ist der Wind nicht zu eisig.

Um 20 Uhr habe ich eine Verabredung mit einer seltsamen Person. »Er heißt Narciso«, hatte mir mein Malerfreund gesagt. »Er stammt aus Livorno und bringt die erstaunlichsten Kunststücke zustande. Wenn er zum Beispiel ein Glas Prosecco zu Boden wirft, fliegen statt Scherben Tauben auf. Er weiß Hunderte Geheimnisse der natürlichen Magie oder weißen Kunst. Er kommt nie in Begleitung, und du mußt anfangs sieben Schritte Abstand halten. Keine Angst. Er ist ein freundlicher Mann, hat weder eine Tasche noch Werkzeug bei sich und arbeitet gelassen, mit zufriedenem, nachdenklichem Gesicht.«

Wir treffen uns beim »Sündenfall« an der Südwest-Ecke des Dogenpalastes. Der Wind ist eisig. Er hat auf den Rücken einen steinernen Sessel gebunden, in dem muß ich Platz nehmen, dann geht er los. Plötzlich ist die neblige Luft angenehm wie im Mai, und ich höre ein liebliches Sirisumm von allerlei unsichtbaren Instrumenten. Er führt mich zu der Grabfigur des Beato Simeone, zum Grab des Dogen Michele Morosini, dann zu dem von Antonio Venier, zum Grabmahl des Kardinals Zen von Meister Alessandro Leopardi. Aber keine Frau mit Hahn und Mars!

»Genug, genug. Ich möchte Menschen sehen. Ein lebendiges Angebot, wie in Veroneses ›Festmahl im Hause Levi‹«, seufze ich nahe der Seufzerbrücke.

Er hat eine neue Idee: »Heute abend treffen sich im Teatro La Fenice die Stars von Bühne und Film. Das geschieht regelmäßig, einmal im Monat. Sie kommen natürlich nur, wenn sie nicht schon woanders verpflichtet sind. Es gibt zwar kein Buffet, keine Getränke, aber viel Prominenz. Die Party beginnt um Mitternacht.«

Ich gehe rasch in eine Trattoria und bestelle: Zuppa di riso alla veneziana, Sardine alla cipolla und Bottarga mit Polenta, Pollo in umido, dazu Patate in tegame; danach Biscotti alla veneziana mit Grappa vom Monte Sabotino in Vicenza.

Narciso hat trotz Eiseskälte vor dem Lokal gewartet. Auf

dem Weg ins Theater erzählt er mir, er wüßte schon, wer heute nacht anwesend wäre: »Greta Garbo, Cary Grant, Judy Garland, Humphrey Bogart, James Cagney, Truman Capote, Charlie Chaplin, James Dean und viele andere, sogar Ernest Hemingway kommt, nachdem er nicht mehr in Harry's Bar gelassen wird.«

»Das sind ja alles Verstorbene«, rufe ich entsetzt aus dem steinernen Sessel gegen die Marschrichtung.

»Das macht ja nichts. Partyrecht ist Partyrecht. Vergnügen muß sein. Die schuften genug, um am Leben zu bleiben. Das ist ganz schön anstrengend, seinem Publikum nicht aus dem Gedächtnis zu schweben.«

Er führt mich durch versteckte Türen und Gänge in den Fundus des Theaters. Zwischen Tausenden Kostümen stehen Sophia Loren und der Archivar.

Sophia: »Wo sind die Gäste?«

Der Archivar: »Ich habe Ihnen gesagt, sie werden uns nicht stören.«

Ich zu meinem seltsamen Begleiter: »Sophia Loren ist hier, aber wo sind die anderen?«

Narciso kichert stumm und fährt mir mit der Hand über die Augen – und da sind sie wirklich. Alle, die er aufgezählt hatte und noch viel mehr. Sie bilden einen Kreis um Sophia und unterhalten sich lautstark, hörbar nur für mich.

»Ich war nie in eine Frau so verliebt wie in Sophia«, schwärmt Peter Sellers.

Richard Burton, mit Restalkohol für die nächsten hundert Jahre im Blut: »Sie ist nach wie vor so schön wie ein erotischer Traum. So groß, mit diesem extrem großen Busen, diesen ungeheuer langen Beinen, die bis zu den Schultern reichen. Herrlich ihre braunen Augen in diesem hypnotisierenden, satanischen Gesicht.«

Carol Reed: »Es müßte eine Skulptur aus Schokolade von ihr geben. Damit die Welt sie auffressen kann.«

Da méldet sich Vittorio de Sica zu Wort: »Sie ist Neapolitanerin, so wie ich Neapolitaner bin. Wir denken und fühlen mit demselben Kopf. Sie ist so warm, so lieblich, so italienisch. Eine Frau, die wie eine Frau denkt, spricht und sich bewegt.«

Griesgrämig murmelt Ugo Tognazzi: »Wenn ihr wüßtet, was die eifersüchtige Gina von ihr gesagt hat: ›Ich spreche nicht über Sophia. Ich mache für sie keine Publicity. Sie hat ein bißchen Talent, kein wirkliches.‹«

Ein Raunen geht durch die Gesellschaft.

Sophia hat währenddessen mehrere Abendkleider probiert. Endlich sind beide glücklich, der Meister und sie. Sie hat ein Schlauchkleid von Mariano y Fortuny aus schwarzer plissierter Seide an, formbetont, wie nackt.

Die mitternächtlichen Gäste applaudieren, und ich ziehe mich mit meinem unheimlichen Fremdenführer zurück.

Was ich leider nicht mehr sehe: Orson Welles tritt auf sie zu, setzt ihr auf die rechte Hand einen goldenen Hahn und legt ihr in die Linke ein strahlendes Dreieck mit dem Zeichen des Mars.

Was braucht Sophia jetzt noch einen Ehren-Oscar?

Was ich aber erfahren habe, war, daß Orson Welles »Ach was, Film ist auch nur bewegte Malerei« murmelte und mit Staffelei, Leinwand, Farben, Pinsel, Strohhut und Zigarre in einen Hain ging und vergeblich um Asyl ansuchte.

Daß Aeneas am Schwanken des Schiffs bemerkte, daß der Steuermann fehlte.

Splitter

Splitter, die sich beim *Brennenden Herz* an die Oberfläche gearbeitet haben und irgendwann nachts gezogen werden mußten, um voll beweglich an den Drehort schreiten zu können.

Saarbrücken. Das Drehbuch zum Film über Gustav Regler fällt zu, die letzten Zeilen, die ich gelesen habe, waren: »Aber vorher gehen wir in unseren Dschungel, um dem Vogel Puy zuzuhören, um mit dem kleinen Jungen zu sprechen, um Luft ohne Pulver zu riechen, um so einfach wie möglich zu denken, und um Blumen und Muscheln, Felder und Steine, Lava und kleine Götter zu sammeln ...«

Ich glaube, ich schlafe jetzt – oder laufen Filme?

Eine sumpfige Wiese, ein knöcheltiefer, aber breiter Fluß, eine Steinbrücke. Es brennen dreihundert Kilowatt, die doppelte Lichtmenge wäre notwendig, um diesen Ausschnitt Nacht zu beleuchten. Millionen Insekten verdunkeln die Scheinwerfer, ich halte den kleinen Jungen mit einer Decke umschlungen. Eine Kamerafahrt wird vorbereitet. Das eingespielte Team arbeitet schweigend.

Etwas fällt an meinem Gesicht vorbei, rutscht den Hals entlang in mein Hemd. Panische Flügelschläge, eine schaurige Massage an meiner Brust. Ich höre das Summen eines Kinderkreisels.

Die Massage wird immer wilder. Das Hemd bewegt sich wie mit Schrotkugeln beschossen. Es ist etwas Tödliches, aber auch Lüsternes in dieser Behandlung.

Vorsichtig lasse ich den Buben los und versuche, mir das Hemd aus der Hose zu ziehen. Das Ding hört auf, sich zu bewegen. Ich öffne die unteren Hemdknöpfe. Irgendwer ruft mir irgend etwas zu. Ein lebendes Knäuel atmet jetzt in meinem Rhythmus und wartet ab. Ein Stich! Genau ins Herz! Meine Zunge bläst sich auf wie eine Schwimmweste. Eiskalte, schweigende Wände schließen mich ein. Man legt mich auf die Plattform eines kleinen Lastwagens. Warum in Zeitlupe?

»Eine Stunde Fahrt ins Spital – wenn überhaupt ein Arzt dort ist – wenn es ein Medikament gibt – wenn das Spital überhaupt noch dort ist, wo es einmal war.«

Ich höre das alles sehr deutlich, etwas verlangsamt, aber deutlich. Stimmen. Geräusche, mit falscher Geschwindigkeit abgespielt.

»Eine Hornisse wird es gewesen sein.«

Unsinn, denke ich, aller Erfahrung widersprechend. Es war eine Feder. Eine spitze Stahlfeder. So eine wie die, mit der ich gelernt habe, Buchstaben zu zeichnen. Einmal zuviel Tinte, ein Klecks. Einmal zu wenig Tinte, zwei dünne Striche. Einmal zu fest aufgedrückt, und die Spitze öffnet sich und bleibt im Papier stecken. Einmal zu sanft, und nichts passiert.

Ich hatte viele Federn mit spitzen, runden und kantigen Köpfen. Einen vollen Schrein.

»Die ganz schwarzen verklebten sind zum Zeichnen mit der Tusche. Die mit dem rötlichen Schimmer zum Korrigieren. Die blanken, die aussehen wie ein kleines Stilett, sind zum Schreiben.«

Einer verwackelten Laufbahn gehe ich da entgegen, die nur
auf einem Kraut- und Rübenacker landen kann. Für das
Zeichnen und Schreiben habe ich das Spielen aufgegeben.
Der Lastwagen fliegt jetzt über kleine, sonnenbestrahlte
Wolken. Ich klappe das Tischchen vor mir herunter,
schlage das Schulheft auf und greife nach der Füllfeder in
meiner Brusttasche. Die Tinte ist ausgelaufen. Überall rote
Flecken. Auf dem Hemd, dem Sakko. Jetzt, wo ich die Fe-
der zwischen den Fingern halte, auch auf der Hand. Rote
Tropfen platzen auf die Hose. Soviel Tinte kann doch gar
nicht in der Feder sein?
Es fließt warme, rote Tinte. Es ist mir klar, daß ich nichts
dagegen machen kann, nur zusehen, wie die Flecken im-
mer größer werden, sich zu einer Fläche Rot verbinden.
Soviel Korrekturtinte?
Ich lehne mich zurück und warte. Dabei spüre ich, wie die
Tinte an meinen Beinen hinabläuft. Langsam müßten die
Schuhe voll sein. Wie weise von meiner Mutter, daß sie mir
keine neuen Schuhe ins Spital gebracht hat.
Die Kinderärztin ist eine ergraute, alte Dame. Sie ist die
Tochter eines berühmten Kinderarztes und die Enkelin ei-
nes noch berühmteren. Der Schularzt hat mich zu ihr ge-
schickt.
»Ein Kinderherz ist kein Scherz«, sagt sie und lächelt ihr
Untersuchungslächeln.
»Was ist mit meinem Herzen?« frage ich meine Mutter. Sie
hat große, besorgte Augen und lächelt genauso unwissend
wie die berühmte Kinderärztin.
Danach verbringe ich einige Monate im Kinderpavillon
eines alten Wiener Spitals. Der Saal war nicht immer Be-
handlungsort. Er war einmal Gewächshaus, Wintergarten.
Ich liebe diesen Raum. Die hohen Glasfenster in der ge-

schwungenen Eisenkonstruktion. Die Hälfte der Glasscheiben sind durch Holzbretter ersetzt. Das Muster hat eine nicht zu lösende Gesetzmäßigkeit, und ich verbringe die meiste Zeit damit, auf die Scheiben und die Bretter zu blicken, um den Rhythmus zu erkennen.

Ins Spital ging ich mit meinen besten Kleidern. Einer kurzen Hose aus Tweed, einem V-Pullover überm Hemd und hellbraunen Schuhen mit dunklen Sohlen.

Meine Mutter bringt mir eine kleine geschliffene Kristallvase für eine Rose. Immer, wenn sie kommt, tauscht sie die Rose gegen eine neue aus. Ich habe nie eine verwelkte Rose auf dem Eisentisch neben meinem Bett. Ich beginne, die Blumen zu zeichnen, und bald bin ich nicht mehr Patient, sondern Maler in meinem Atelier am Montparnasse.

So vergeht ein Sommer, in dem sich blonde und graue Ärzte um mein Herz kümmern. Als sie nichts mehr zu sagen haben, werde ich entlassen.

Ich bin gewachsen, fast zwei Köpfe größer. Die kurze Hose geht noch, der Pullover auch. Nur die Schuhe, die sind zu klein. Meine Mutter hat mir versprochen, neue Schuhe zu kaufen. Ich gehe von Bett zu Bett, von Kind zu Kind und erkläre stolz: »Morgen gehe ich nach Hause, mit neuen Schuhen!«

Meine Mutter hat mir keine neuen Schuhe gebracht. Sie hat mit einem Küchenmesser das Leder von den alten vorne weggeschnitten. Meine Zehen ragen weit über die Sohle hinaus.

Die Kinder in dem Pavillon stehen in ihren Betten wie Soldaten. Als ich durch den Saal gehe, beginnen sie zu johlen: »Das sollen deine neuen Schuhe sein? Wo sind die neuen Schuhe?!«

Die kleine Kristallvase habe ich einer Krankenschwester

geschenkt. Meine Zeichnungen hat sie alle schon bekommen. Auf meine Mutter bin ich böse. Heute weiß ich, wie klug sie war. Wie könnte sonst die rote Tinte aus meinen Schuhen laufen, ohne daß es meiner Umgebung auffällt?

Und wegen dieser Angst, die Tintenzeichen erklären zu müssen, habe ich meine Freunde nicht gepflegt wie ein verträumter Gärtner, der an das Versprechen glaubt: Alles wächst von selbst.

Der kleine Lastwagen fährt seit Montag durch meinen Bezirk, dreimal am Tag kreist er durch die Wohnanlage am Friedrich-Engels-Platz. Danach macht er eine Schleife durch den Karl-Marx-Hof auf der anderen Seite des Donaukanals. Schließlich verschwindet er auf der Malinowski-Brücke über die große Donau nach Floridsdorf.

Auf der Pritsche des Lastwagens ist ein nach vorne und ein nach rückwärts ausgerichteter Lautsprecher montiert.

Die abgebröckelten Fassaden der Siedlungshäuser lenken die Luftstrecke der blechernen Worte im Kreis. Ein endloses Echo, das ein nicht zu vergessendes Klangbild erzeugt.

»Die Sensation! Der weltberühmte Seiltänzer Apus kommt nach Wien. Er wird am Samstag um sechs Uhr abends bei der Urania den Donaukanal überschreiten. In dreißig Meter Höhe! Selbstverständlich ohne Netz. Ein Spektakel für mehrere Stunden. Zuschauen kostet einen Schilling, Kinder zahlen nicht.«

Es ist schon Mittwoch, also habe ich nur mehr zwei Tage Zeit, meine Eltern zu überreden, mit mir dorthin zu gehen.

Am Freitag, endlich, nickt mein Vater beim Abendessen mit dem Kopf. Die Familienrunde wird sogar erweitert, die Großeltern kommen mit. Mein Großvater erzählt, daß er Apus kennt. Er hat ihn schon einmal in Berlin gesehen. 1946 oder 1947 war das.

Ich bin jetzt sieben Jahre alt, und Apus geht nach der Erzählung meines Großvaters schon zehn Jahre auf dem Seil. Das ist eine sehr, sehr lange Zeit für mich. Ganz Wien scheint unterwegs zu sein, und da ich es sehr eilig habe und es mir dringend wünsche, sind wir schon um vier Uhr nachmittags an Ort und Stelle.

Ich dränge mich vor. Die Familie will mich nicht aus den Augen verlieren, also drängt sie mir nach. Der beste Platz, ich stehe unter dem Seil. Ich kann den Balken sehen, der aus einer Dachluke ragt. Der Auftrittssteg.

Das Seil führt über die Straße, dann über den gepflasterten Kai auf die andere Straße, in ein anderes Haus, wieder in eine geöffnete Dachluke.

Männer mit Schnurrbärten und einer Binde auf dem Rockärmel kassieren einen Schilling. Dafür bekommen die Erwachsenen einen Zettel, der mit einer Stecknadel am Revers befestigt werden muß.

Die Zuschauer scheinen sich alle zu kennen. Jeder redet mit jedem. Eine nervös geschwätzige Stimmung, ein Rumoren vor dem Sturm, eine farblose Verschwörung, die mir ein bißchen Angst macht.

Als die Sonne hinter dem Dach verschwindet und ihr Licht dem weißen Sichelmond übergibt, verstummen die Leute und blicken zu dem Dachfenster hinauf. Da steht Apus, in einem weißen Smoking. Hoch über ihnen, er, die Nachtwache!

Apus winkt, und die Zuschauer winken zurück. Als er den ersten Schritt auf das Seil setzt, wird es ganz still. Er schwebt über unseren Köpfen, ein Paso doble, bis er mitten über dem Donaukanal ist. Dort bleibt er stehen und spreizt einen Fuß weg. Ich bin von diesem Bild verzaubert. Ein Bild, das ich in den Katalog meiner Kindheit aufnehme. Er zieht den Fuß zurück, streckt den anderen weg. Dann geht er bis zum Ende des Seils und verschwindet in der Dachluke.

Mein Großvater beugt sich zu mir: »Er geht ohne Stange, hast du das gesehen?«

»Natürlich habe ich das gesehen, wieso sollte er eine Stange brauchen?«

»Um das Gleichgewicht zu halten. Eine Balancierstange. Mit der kleinsten Verschiebung dieser Stange, nach rechts oder links, kann er das verlorene Gleichgewicht wiederfinden.«

Da erscheint Apus wieder, jetzt mit Stange. Er läuft und springt auf dem Seil mit der Sicherheit, mit der wir Kinder auf der Straße tempelhüpfen. Es scheint ihm so leichtzufallen, aber ich weiß, es ist nur das Resultat seiner Geduld und Ausdauer. In einem sonderbaren Moment von Glück wirft er die Balancierstange in den Donaukanal.

Der kleine Lastwagen steht auf der Uraniabrücke. Den Lautsprechern gelingt wieder dieses unvergeßliche Klangbild: »Eine Sensation! Apus wird mit seiner Tochter, die er auf den Schultern trägt, erstmals ohne Balancierstange über das Seil gehen. In dreißig Meter Höhe und ohne Netz!«

Die Fenster der benachbarten Häuser sind jetzt Logenplätze. Bis zu zehn Köpfe füllen die Rahmen,

Ich überlege mir die Perspektive des Seiltänzers. Wenn er hinunterschaut, sieht er Gesichter, die hinaufschauen. Wenn ich mit Erwachsenen spreche, muß ich hinaufblicken, in Gesichter, die hinunterschauen. Erwachsene unter sich schauen geradeaus. Jetzt, für einen Schilling, wenn sie das Spektakel sehen wollen, müssen sie ihre Köpfe weit nach hinten legen, als würden sie einen Wunsch an eine Sternschnuppe richten.

Apus lächelt. Wieviel naives Nachkriegserstaunen hat er so schon von oben gesehen?

Er trägt seine Tochter auf den Schultern. Auch sie ist weiß gekleidet. Ihr samtrotes Haar und ein grüner Halsring leuchten im Licht der aufblitzenden Scheinwerfer. Er hält sie an den Fesseln, nach einigen Schritten läßt er sie los. Es herrscht eine ängstlich abwartende Stille, als ob tausend geöffnete Münder nicht mehr atmen könnten. Ich spüre erstmals eine Kälte, von der ich weiß, daß sie meine Wegbegleiterin wird.

Da bleibt Apus auf dem Seil stehen, genau über mir. Irgend etwas stimmt nicht. Einen Fuß vor dem anderen steht er starr auf dem Seil. Er beginnt mit den Armen zu wackeln. Dann ruft er etwas seiner Tochter zu. Ich erkenne seine Verzweiflung. Nachahmend, verspottend rufen die Leute dem Seiltänzer ihre Sehnsucht zu. Jetzt streckt das Mädchen die Arme aus. In diesem Moment beginnen die Zuschauer zu applaudieren. Warum applaudieren sie?

Apus wankt. Seine Arme kreisen. Jetzt beginnen die Zuschauer zu schreien: »Bravo. Bravo!«

Warum schreien sie?

Apus setzt einen Fuß zurück, als wolle er rückwärts gehend das Dachfenster erreichen. Jetzt beginnen die Zuschauer zu pfeifen. Warum pfeifen sie? Der Lärm wird immer größer. Sie schreien, aber es ist nicht Angst. Warum dieser Haß in der Luftstrecke der Wörter? Das sind nicht die freundlichen Plauderer aus der Zeit, als die Sonne noch nicht untergegangen war.

Die hochgezogenen Augenbrauen, die nach oben ge-
streckten Nasen, die offenen Münder verwandeln sich zum
Ausdruck einer entsetzlichen Forderung. Sie erkreischen
sich den tödlichen Höhepunkt des Spektakels. Das ist doch
der Kern des Mißverständnisses, warum wird der Seiltänzer zum Feind?
Eine trampelnde Meute. Eine bellende Kompanie, die mit
Applaus tötet.
Apus und seine Tochter kippen, fallen und schlagen wenige Meter vor mir auf das Pflaster des Kais auf.
Aus den Lautsprechern hört man Trompetenstöße eines
verzerrten Marsches. Blitzschnell legt mir mein Großvater
die Hand auf die Augen. Es ist finster. Aber ich bin nicht
vor dem Alptraum dieses Bildes gerettet. Ein Bild, von
dem ich mich nicht mehr heilen kann. Wir laufen, Chaos.
Hunderte wollen die Opfer sehen.
»Was war los? Warum haben die Leute so geschrien, als
der Seiltänzer unsicher wurde?« frage ich.
»Ungeduldig waren sie. Alles wollten sie. Sie wollten, daß
der Paradiesvogel vor ihnen auf dem Boden liegt.«
Ich habe mein siebentes Lebensjahr gefunden, das schon
verloren war.
Es hat zu regnen begonnen. Ein Gewitter direkt über dem
Lastwagen. Es scheint ihn im selben Tempo zu begleiten.
Ich finde eine Möglichkeit, die Augen zu öffnen, aber
keine, sie offen zu halten. Ich presse mein Gesicht an die
Plane des Wagens und lasse es nach unten rutschen. Die
Plane zieht die Augenlider eine Gesichtsstrecke lang hoch.
Die Panzer rollen vorbei. Eine Brücke bricht im Licht
des Magnesiumfeuers zusammen. Die Eisenkonstruktion
schmilzt wie Blei.
Und für diese Sucht, die Augen offen zu halten, habe ich

meine Kinder zuwenig gesehen, als ihre Hände noch so
klein waren wie ein Spinnennetz im Türschloß.

Was mache ich auf dem Lastwagen? Warum versuche ich
etwas zu sehen, warum versuche ich mir etwas zu merken?
Der Kessel ist voll, reicht die Erfahrung nicht? Ich möchte
etwas Heißes essen.

Warum schaut der Koch den Gast wie sein Opfer an?
Warum starrt der Gedankenleere in den Himmel? Der Su-
chende auf den Baum? Der Idiot auf den Tachometer?

Eine Explosion. Der Lastwagen bleibt ruckartig stehen. Es
schleudert mich nach vorne. Mein Gesicht prallt gegen die
eiserne Wand der Fahrerkabine. Schon wieder diese rote
Tinte auf meinen Lippen. Ich schmecke sie gerne. Ich
kenne den Schmerz.

Vor vierzig Jahren hat meine Cousine beim Schaukeln die
Beine geöffnet und mir mit dem Sitzbrett das Nasenbein
zertrümmert.

Ich rapple mich hoch, blicke über die seitlichen Bretter.
Jetzt erkenne ich die brennende Brücke. Es ist die, die
über die Donau nach Floridsdorf führt.

Die SS hat auf den eisernen Bögen eine Plattform kon-
struiert und Fliegerabwehrkanonen in Stellung gebracht.
Jetzt, wo sie sich zurückziehen müssen, sprengen sie die
Brücke. Die Bögen versinken im Wasser. Der Pappelwald
am Friedrich-Engels-Platz wird von Kindersoldaten um-
geschnitten. Die Bäume stören das Schußfeld. Rund um
die nahe Brigittakapelle hat man ein Massengrab für Soldaten und Zivilisten angelegt.

In der Donau treiben erschossene Pferde. Im Floridsdor-
fer Obrienpark hat ein russisches Frauenbataillon Stellung
bezogen. Sie sind zunächst damit beschäftigt, gefangene
deutsche Soldaten aufzuhängen.

Die Bombe hat um null Uhr dreißig eingeschlagen. Volltreffer. Meine Mutter und ich waren im Kohlenkeller. Weit und breit die einzige Bombe und genau auf unser Wohnhaus?

Es muß sie ein englischer Pilot mit einer Valiumkapsel unter der Zunge verloren haben. Als sich der staubige Nebel gelegt hat, wird den auf den Kopf Geschissenen klar, daß sie verschüttet sind.

Der Druck der Explosion hat eine abgestellte Glastüre in meine Richtung geschleudert. Ein dreieckiger Splitter steckt in meinem Kopf. Ich, ein Irokesenneugeborener. Der Stammesrat weiß nicht, was zu tun ist. Sie befürchten, daß bei der Entfernung des Glaskammes die wirkliche Verletzung erst entstehen könnte. Man sorgt sich nicht allzu lang, denn es gilt ja zunächst, aus dem verschütteten Keller zu entkommen.

Die mangelnde Aufmerksamkeit macht mich sehr gereizt, und da meine Mutter durch den Schock die Fähigkeit verloren hat, mich mit ihrer Brustmilch zu stillen, kommt zur Gereiztheit der Hunger. Im doppelten Sinn bin ich ab nun unansprechbar.

Ein einhändiger Tischler, der geheimnisvoll von Zeit zu Zeit bei meiner Mutter auftaucht – ich bin heute noch im Besitz seines Schreins –, berichtet von einer frei herumlaufenden Ziege im Überschwemmungsgebiet. Mein Vater, von der Bergungsarbeit erschöpft, macht sich noch in derselben Nacht mit einer kleinen Milchkanne auf den Weg, um die Ziege zu suchen und zu melken.

Dafür muß er auf die andere Seite der Donau. Er kriecht über die Reste der gesprengten Brücke, balanciert auf den Bögen, die aus dem Wasser ragen, streift durch das unübersichtliche, von Bombentrichtern übersäte Gebiet. Er findet die Ziege und kann sie sogar melken, wird aber von dem russischen Frauenbataillon gestört und festgehalten. Die Soldatinnen sind vom Aufknüpfen deutscher Soldaten ermüdet, und mein Vater kann ihnen, offensichtlich überzeugend, sein Problem mit mir erklären.

Beim Einflößen der Ziegenmilch bricht mein gläserner Kopfschmuck ab. Der im Schädel verbleibende Rest wächst langsam – es dauert bis zu meinem sechsten Lebensjahr – heraus. Erst dann setzt der Haarwuchs ein. Einen verborgenen Splitter können erst spätere Begegnungen bergen. Besondere Affinitäten zu Ziegen kann ich nicht feststellen, obwohl man mich in der Siedlung »Ziegenpeter« nennt.

Als kurze Zeit später der Friedrich-Engels-Platz von russischen Panzern umstellt ist, entwickelt sich ein abwechslungsreiches Gesellschaftsleben. Russische Soldaten kommen und gehen. Wortfetzen, Liederfetzen, kleinere und größere Schreie, dazwischen Lachen.

Nachts sind die Besucher meist splitternackt und flitzen auf den Gängen von Tür zu Tür und von Stiegenhaus zu Stiegenhaus. Mein Vater macht seinen Besitzanspruch auf meine Mutter insofern klar, als er sich auch nackt auszieht und, russische Befehlsfragmente von sich gebend, mitflitzt, aber immer hinter derselben Tür, unserer Wohnungstür, verschwindet. Ich trage zu dieser Zeit auf dem blanken Kopf eine Schiffchenmütze mit einem roten Sowjetstern. Mein größtes Interesse in diesen Monaten gilt, außer einem kleinen Topas, den mir meine Mutter als einziges Spielzeug in die Hand drückt, ihrem Tintenfaß mit roter Tinte, ihrem roten Stempelkissen und einem Tiegel roter französischer Hautcreme, die sie in meinem, damals ihrem, Schrein versteckt.

An einem Nachmittag, länger als sonst alleingelassen, gelingt es mir, diesen Kasten zu öffnen und die drei Schätze an mich zu nehmen. Lange vor mir entwickle ich meine Bilder, indem ich rote Tinte auf die Kaukasisch-Nußholzmöbel, den roten Stempel auf die Polsterbezüge und die französische Hautcreme auf dem Boden verarbeite.

Und für dieses Malen habe ich den Gong zur friedlichen Nachtruhe nicht geschlagen und auch nicht am frühen Morgen, um die Wildschweine aus meinem Garten zu verjagen.

Ich höre eine helle, aber feste männliche Stimme. Ein volles Tönen. Verstehen kann ich nichts. Es sind nur Wortsplitter. Der Lastwagen hält. Die Stimme wird immer eindringlicher, ich höre das Schlagen von Autotüren. In der Ferne: Gewitter, Neujahrsböller oder schon wieder explodierende Bomben? Es blickt mich ein rundes Gesicht an. Eine kurze Nase, ein großer Mund mit schönen Lippen, blaugraue, kühle Augen, aschblondes, dünnes, aber langes Haar, das nach hinten gelegt ist.

Mein Vater hebt mich von der Plattform. Er sagt: »Es ist Zeit, dir meinen Weingarten zu zeigen.«

Er setzt mich auf seine Schultern und geht los. Meine Hände liegen auf seiner Stirne, ich spüre den Schweiß dieses großen Mannes, dann suchen meine Finger seine Augenbrauen.

Haare wie eine Drahtbürste. Er schneidet sie täglich beim Rasieren mit. Dann taste ich mich zu seinen kühlen Augen und bedecke seinen Blick. Er geht weiter den Berg hinauf. Er kennt den Weg, aber seit es um ihn dunkel geworden ist, höre ich seinen Atem umso deutlicher. Ein tiefes, rhythmisches Schnauben, unterlegt von dem Schlagen seines Herzens.

Eine Quelle bricht in mir auf, und aus meinem Vier-Sommer-Gesicht beginnt es zu fließen. Mein Vater hebt mich von den Schultern und drückt mir mit Daumen und Zeigefinger die Nase zu. Eine rasche Bewegung, und meine Nase ist wieder frei. Zweimal über mein Gesicht gestreichelt, und ich sehe wieder deutlich.

Wir stehen am Gipfel des Nußbergs, einem kleinen Hügel vor Wien. Mein Vater nimmt mich an der Hand, und wir betreten ein Stück Land, das nach Osten hin zur Donau abfällt.

»Hier werde ich einen Weingarten anlegen. Ich werde vier Sorten aussetzen. Riesling, Müller-Thurgau, Traminer und Muskateller. Den Saft dieser frischgepreßten Trauben wirst du eines Tages trinken. Zwischen den Zeilen und Reben werde ich Pfirsichbäume pflanzen, denn die Traube und der Pfirsich sind Freunde. In den Ecken dieses Rechtecks werde ich Nußbäume anbauen, denn nichts schmeckt so gut wie frisch geöffnete Nüsse und junger Weißwein. Und hier, wo wir stehen, pflanze ich einen Apfelbaum. Was immer du im Leben machst«, er lächelt vergnügt, »laß dir von jemandem, den du liebst, einen Apfel reichen.«

Ich schaue auf das Feld und sehe mehr als ein Dutzend grünumwucherter Bombentrichter. Ich setze mich auf die Erde und blicke auf die Landkarte einer auf einem Hektar zusammengefaßten Welt. Ich versinke in das Grün von Paolo Veronese.

Ein Schmetterling lenkt mich ab. Ich rutsche in einen Bombentrichter und sitze bis zum Nabel in einem wilden Teich. Schilf, Wasserrohrblätter, Luftwurzeln und Farne umgeben mich. Ich habe einen grünen Salon gefunden, bespielt von Zirp- und Summaschinen. Da höre ich wieder das Schnauben und den Herzschlag, dann das Knarren eines Holzrades.

Ich krieche aus dem Tümpel und sehe meinen Vater einen Karren schieben und Erde in einen der Bombentrichter schütten. Er baut mit Spitzhacke und Schaufel die Krater der Bombentrichter ab, um sie aufzufüllen und so diesem Feld die Oberfläche zu geben, die notwendig ist, um es bepflanzen zu können.

Ich ziehe diesen faltigen Globus den Vorstellungen meines Vaters vor. Ein Trichter ist ein Tal, sein Wall sind Berge, es gibt Seen, Flüsse und alle Krabbelwesen, die sich meine Neugierde wünscht. Ich möchte meinen Vater vieles fragen:

Warum ist ein Weingarten schöner als dieses Zentralmassiv? Werde ich hier, wenn die Reben Spalier stehen, noch so spielen können? Wirst du die Kraft haben, mich auch noch in sieben Jahren zur besten Zeit der Trauben auf dem Rücken zu tragen? Und wenn, was kannst du mir dann erzählen?

Deine Aufmerksamkeit kann nur mehr der Ernte gelten. Du wirst dich sorgen, ob der Wein umschlägt, zäh wird oder den Essigstich bekommt. Du wirst mit der Presse und mit den Fässern mehr reden, als du je mit mir geredet hast.«

Ich kann die Fragen nicht stellen, weil ich nicht gerne frage, und weil mein Vater, wenn er arbeitet, nicht gerne spricht.

Nach einem Jahr gibt es nur mehr einen Bombentrichter. Ich ziehe mich dorthin zurück – entschlossen, ihn zu verteidigen, das Bannrecht über meinen Bezirk zu verkünden. Im vergangenen Jahr hat zwei Tage in der Woche, achtundvierzig Stunden lang, der von ihm geschobene Karren geächzt. Ich habe nie gesehen, daß er in den Himmel geschaut hat, immer nur auf den Zentner Erde vor sich auf dem hölzernen Schubkarren.

An einem lapislazuliblauen Abend, ich bin gerade in einer Barkarole meines Farb- und Wortfeldes versunken, wird mir dieser Gesang plötzlich fremd, obwohl die Grillen noch immer musizieren und die Kröten ihre halluzinativen Töne singen.

Etwas fehlt in der Gesamtheit der vertrauten Musik. Ich horche, ich filtere die einzelnen Instrumente, füge sie wieder zusammen. Etwas fehlt. Ich spüre eine tiefe Beunruhigung, eine Angst, daß der mich beschützende Chor aus der Stimmigkeit geraten, daß das Orchester nicht vollzählig angetreten ist. Daß die Tinten ausgelaufen und die Farben ausgegangen sind. Daß mir jemand mein Dreirad gestohlen hat.

Da weiß ich es. Das Atmen meines Vaters und das Schnarren seines Karrens sind bei diesem blauen Konzert nicht mehr dabei.

Ich krieche aus dem Trichter, und alles wird zur Bedrohung: die Leuchtkäfer, die Dämmerungsschwärmer und die Amseln im tiefen Flug.

Ich sehe zuerst den umgekippten Karren. Mein Vater liegt auf dem Rücken. Sein Hemd ist geöffnet, seine Brust schwer und braun wie ein Pflugschar, schweißüberströmt. Blauer Schweiß, der wie aus einer Quelle rinnt, den Himmel spiegelnd. Mit weit geöffneten Augen liegt er da, und ich sehe ihn zum ersten Mal nach oben schauen. Ich weiß nicht, was ich im Angesicht dieses gefallenen Giganten zu tun habe.

Ich lege mich einfach wie ein Amulett auf seine Brust. Meine Hände auf seiner Stirn, dann wieder auf seinen starren Augen. Ich bitte ihn, wieder aufzuwachen. Ich verspreche ihm, den letzten Bombentrichter mit meinen Händen zuzuschaufeln. Ich will arbeiten, bis sein Garten so glatt geworden ist wie ein Malstein.

Meine Tränen und sein blauer Schweiß werden ein kleiner Bach, der sich als Bauopfer seinen Weg in meinen Krater sucht. Der Himmel ist jetzt kadmiumrot, und ich weiß nicht einmal, wo ich wohne. Ich weiß nur, daß mich mein Vater immer bis hierher auf den Schultern getragen hat.

Ich begleite ihn in das Gebiet der Windstille und des Schweigens. Eine Stunde und die Sonne ist gänzlich untergegangen. Ich spüre eine Strahlung, eine Urspannung, und in diesem Moment höre ich dunkle Paukenschläge aus seiner Brust und die Fanfare seines Schnaufens. Ich ziehe die Hände von seinen Augen, und ein weicher Blick umarmt mich. Ich rutsche von seiner Brust und drücke mich ganz nah an ihn. Wir schauen in den mit Sternen übersäten, schwarzen Himmel. Der aufkommende Wind bringt die Barkarole zurück.

»Ich weiß, was du gedacht hast. Der letzte Bombentrichter gehört dir. Nimm ihn als eine Amphore. Meine Arbeit ist zunächst beendet. Im Herbst werde ich hier pflanzen.«

Baal Sebul trug mich in dieser Nacht zum letzten Mal auf seinen Schultern vom Berg. Er hatte in allem, was er getan hat, unerfolgreich recht, während die Zeit, in der er lebte, erfolgreich unrecht hatte.

In der Ferne höre ich die Gasturbine von raketenbestückten Kampfhubschraubern, die Kurs auf seinen Garten nehmen.

Ich muß aufwachen, ich will mir diese Erinnerung aufschreiben.

Und für diese Art zu schreiben habe ich die Lippen nicht

berührt, die meinen Texten Raum und Zeit gelassen hätten?

Als mich der Fahrer des Lastwagens an der Motorhaube vorbei zum Eingang des vermeintlichen Spitals schleppt, sehe ich mein Gesicht in der Windschutzscheibe. Woher stammen die Flecken auf meiner Stirne? Purpurpunkte mit blauen Rändern, gelbe Bahnen mit grünen Schatten auf meinem Hals. Woher dieser blutige Verband auf meinem Kopf, der aussieht wie die Freiheitsmütze der Jakobiner?

Hat Dix die zwei abgemagerten Dickhäuter gezeichnet, die vor dem Eingang des Zeltdaches stehen und ihn mit Maschinengewehren bewachen? Uniformen? Was für einen Streich spielt mir mein Zustand jetzt? Sie tragen Sportschuhe mit großen Werbeaufschriften, enge bunte Badehosen und Lurexleibchen. Sie sehen aus wie Freistilringer, angetreten zum Interview eines amerikanischen Sportkanals. Grimassierend, augenrollend und zähnefletschend.

Ich werde an sie gelehnt und komme mir dabei vor wie ein monochromer Moorfund, den man nur an seiner Plastizität erkennen kann. Und das nur, wenn die Augen für dieses graue Terrain geschult sind.

Ich warte in der Vorkammer eines Vorraums. Vor mir defilieren leuchtfarbene Gremlins mit allerlei medizinischen Instrumenten. Sie scheinen mit Flaggen bekleidet zu sein. Krieg in Freizeitkleidern.

Ein blonder, jugendlicher Mountainbiker ist der Wortführer. Ob er Arzt ist, ist nicht zu erkennen. Er ist der Doppelgänger, der Doppelschlag der Zunge spricht: »Sie sind am falschen Ort, das ist ein Lazarett für unsere Soldaten. Wir behandeln Schußverletzungen, Verbrennungen, wir amputieren Glieder.«

»Was macht er da? Er vernichtet Beweismaterial meines Überlebenskampfes.«

»Wir sind eine Kompanie von Technikern, die den Prozeß des Massenmords verlangsamt. Im Sinne der Sendezeit, verstehen Sie? Wir vollziehen diese Politik über die besondere Neigung auserwählter Personen. Wir sind ein Instrument der Werbe-Einschaltung. Wir verteilen Legitimation und Studiopaß nur an die, die auf unsere Organisation angewiesen sind. Wir sorgen für die Ansteckung der Beeinflußbarkeit, der Unterwerfung und steuern das Verantwortungsbewußtsein. Aus.«

Ein brennendes Flugzeug rast knapp über das Zeltdach. Ich höre den Radfahrer nicht mehr. Aber seine Mundbewegung bleibt hygienisch. Sicher ein zuckerloser Erfrischungskaugummi, denke ich. Dann wieder der Radfahrer im Originalton: »Keine Angst, Sie sind nur auf der ersten Sprosse der Jakobsleiter. Es sind noch einige Kandidaten vor Ihnen. Der Weg in den Himmel ist von uns vor- und ausgetestet.«

Er entfernt sich wie der Dirigent einer Aaskäferkapelle. Vor- und ausgetestet? Im ersten Himmelsflug der Mongolfiere saßen genauso Ziegen wie in der ersten Weltraumkapsel.

Der Wecker läutet. Ich muß ins kalte Wasser.
Was für eine Rechnung von Erlebtem und Versäumtem wurde heute nacht wieder aufgestellt? Ein Schneeflockenzählen? Eine Gleichung wie ein Dackel mit fünf Haxen.
Der Regler-Film wartet. Ich drehe eine Szene, in der ein Romantiker aus einem brennenden Flugzeug steigt und die Balancierstange wegwirft. Aber der Fallschirm, den er heimlich mit hat, garantiert weder ihm noch mir etwas.

Und für diese Träume habe ich nicht alle Muttermale ge-
zählt auf der Haut von Bräuten, die es verdient hätten, ein
Herz mit goldenen Punkten umrahmt zu bekommen?

In jedem Film, sag ich ganz einfach so, gibt es eine Figur, die, um die Handlung zu schüren, Informationen anschleppt. Der Drehbuchautor ist dann ein großes Stück weitergekommen und kann sich auf die Liege begeben und entspannen.

Wenn jemand gewerbsmäßig Informationen sammelt und Auskünfte zusammenträgt, kann er ein Detektiv sein. Auf jeden Fall ist es so, daß jemand, der sehr lange in persönlichen oder gesellschaftlichen Angelegenheiten anderer schnüffelt, bald einen Leberschaden hat. Denn nichts macht mehr Durst, als in anderer Kram herumzuwühlen.

Mein liebster Detektivschauspieler ist Albert Finney. Was 1970 mit Gumshoe begann, endete Under the Vulcano. Finney kann wie niemand anderer sternhagelvoll spielen oder spielerisch einen Sternenhagelvollen darstellen. Er und John Huston waren für mich das perfekte Team.

Die ideale Besetzung für die folgende Geschichte wäre Albert Finney. Er würde sofort zum Drehen antreten, weil ihm »Drehen« Spaß macht. Die weibliche Hauptrolle wäre mit Ellen Barkin ideal besetzt. Sie hat eine schiefe Augenlinie und einen schiefen Mund. Energie wie ein aufgedrehtes Spitzhörnchen und geht wie eine Schlampe. Aber sie wird die Rolle nicht spielen, weil ich im Moment nur Geld zum Träumen habe.

Die weiße Chinesin

Der Flug ist so lang wie jeder Flug. Ich nehme die Armbanduhr vom Handgelenk, drehe sie um und betrachte mein Gesicht in dem metallischen Kreis. Die Nase ist jetzt eine Kartoffel, die Augen zwei Halme, wenn ich mir die Zunge zeige, ist das Bild abgedeckt. Das Ganze hat etwas mit Rudolf Hausners Bild »Adam, warum wackelst du?« zu tun.

Neben mir sitzt einer mit einer Sammlung Champagnerflaschen auf dem Klapptisch. Er erzählt mir unaufgefordert, daß er nichts zu lachen hat. Ich lächle, er weint ansatzlos. Dem Mann hinter mir ist die Bandscheibe verrutscht. Er klagt über seinen sitzenden Beruf. Er habe sich mit seiner Lebens-Illusion verhoben. Vor mir eine Millionärin, sie ist so reich, daß sie den Flug durchschläft.

Auf der anderen Seite des Mittelgangs: das Paar des Jahrhunderts.

Sie, eine weiße Chinesin, er eine jüngere Version von Charles Bukowski. Sie blickt geradeaus, er kämpft mit Sodbrennen. Seine rechte und ihre linke Hand in Handschellen. Ich erfahre folgende Geschichte.

Sie wohnt kurz vor der Demarkationslinie in einem gepflegten Brownstone-Haus. Der Vorgarten ist ein Ort der Ruhe, bepflanzt mit fernöstlichen Gewächsen. Auf der anderen Seite der Straße ist alles anders. Die leerstehenden Ruinen brennen. Vergangene Nacht war Alarm. Heute

morgen scheint es wieder friedlich zu sein. Die Ghetto-
Krieger, ihre Gesichter in den Kapuzen der Jogginganzüge
versteckt, spielen Basketball in schneeweißen Sneakers.
Schon beim ersten Schluck ihres morgendlichen Fitdrinks
starrt sie aus dem vergitterten Erkerfenster auf etwas Auf-
fälliges. Auf der brennenden Seite der Straße sitzt eine leb-
lose männliche Figur in einer Telefonzelle. Beim letzten
Schluck kriecht er und sucht in einem Schlagloch nach Un-
sichtbarem. Als sie mit dem zweiten Fitdrink zum Eisen-
fenster kommt, sitzt er wieder in der Telefonzelle und
raucht. Nach jedem Zug aus der Zigarette macht er eine
Gebärde, als hätte er sich die Lippen verbrannt. Das Besondere ist, daß in seinem Mund etwas Goldenes zu blin-
ken scheint.
Sie ist auf dem Weg zum Begräbnis einer ihrer Mitarbeiter, den sie kürzlich wegen Untreue bei einem Krabben-
Dinner vergiften ließ. Schwarze Keilhose und Baseball-
jacke, Diamanten an jedem Finger. Die Haare unter einer
Schirmkappe. So verläßt sie ihr respektiertes Quartier und
geht zu ihrem weißen, gepanzerten Mercedes. Da! Wieder
der goldene Schein im Mund des Telefonzellenbewohners:
Jakob Brimorski, seit drei Jahren Polizist zu besonderer
Verwendung. Wohnhaft: Brighton Beach Avenue, Brook-
lyn, New York. Eigentlich wollte er sich vor diesem Auftrag drücken und in der Telefonzelle normal schlafen. Aber
er schafft es nur, einen Dämon durch einen anderen zu
vertreiben.
Als er kurz einschläft, sieht er sich auf dem Ast einer Lär-
che sitzen. Der Baum ist auf dem ärmsten Boden der Welt
gewachsen. Er hat 150 Jahre gebraucht, um nur sechs Meter groß zu werden. Es hatte minus 65 Grad, aber der
Baum konnte ihn wärmen.

Jakob Brimorski spuckt die brennende Zigarette aus, sie
fällt auf das zerlumpte Papier des Telefonbuchs: An-
schlüsse westlich des Harlem River. Die schmorenden Seiten verqualmen die Zelle wie ein mit Müll gefülltes Wär-
mefaß. Er hustet, und aus seinem Mund strahlt Gold.
Die weiße Chinesin ist wieder aus dem weißen Mercedes
gestiegen. Wenn sie nicht etwas Spezielles an diesem unbekannten Geist interessiert hätte, wäre er einfach von ihrer Privatbehörde erledigt und abtransportiert worden.
Eine Salve aus den Maschinenpistolen ihrer Jogging-Sol-
daten hätte genügt. Aber ihre Chinesenaugen, dunkel und
neugierig wie ihre Brustspitzen, sind heute besonders
mild. Sie rüttelt an der Zellentür.
Er weigert sich, den Kopf zu heben. Was er aus den Au-
genwinkeln sieht, genügt ohnehin. Spitze Stiefel, schwarze
Beine, Hüften gut genug, um sich dran festzuhalten.
Westlich des Harlem River ist es jetzt zehn Uhr vormittags.
Wie spät ist es jetzt in Sibirien? »Meine Frau trug im
Sommer einen pechbeschmierten Schleier, um die
Mückenschwärme abzuwehren.«
Die weiße Chinesin: »Was machen Sie hier?«
»Ich habe hundert Dollar in den Apparat geworfen, vier-
hundert Quarter, erreicht habe ich niemanden. Ich
schenke Ihnen die Gespräche, Sie erreichen sicher alle.«
Sie drückt mit energischem Griff sein Kinn hinunter und
schaut ihm in den Mund: »Woher kommt das Gold in
Ihrem Mund? Ich möchte es haben.«
Jakob: »Ich habe bei 38 Grad Wärme und bei 65 Grad
Kälte gearbeitet. Ich habe Straßen gebaut, Kraftwerke und
Staudämme, zwanzig Jahre lang. Ich habe Geld verdient.
Was ich nicht vertrinken konnte, habe ich gespart und da-
mit meine Zähne vergolden lassen.«

Die weiße Chinesin greift dem Polizeibeamten Jakob Brimorski in den Mund und bricht ihm die Goldzähne aus wie Schokoriegel.

Jakob Brimorski zieht blitzschnell seinen Revolver und drückt ihn der Schönheit an die Stirn.

Am nächsten Tag steht folgendes in der Zeitung: »Leutnant Brimorski, Polizist zu besonderer Verwendung, ist es gelungen, die weiße Chinesin wegen Raubes zu verhaften. Die New Yorker Polizei hatte bis dahin keine Chance, die Königin des Rauschgifthandels zu verhaften. Bis zum Raub der goldenen Zähne Brimorskis war ihr absolut nichts nachzuweisen.«

Der Flug ist lang wie jeder Flug. Ich beobachte die mit Handschellen gefesselten Menschen, ein Jahrhundert-Paar.

Landeanflug. Ich frage den Polizisten: »Was wird mit ihr passieren?«

»Nach der Landung in Washington buche ich zwei Flüge nach Moskau. Ich habe mich verliebt.«

Die weiße Chinesin schaut nach wie vor geradeaus. Er lächelt. Jakob, warum wackelst du?

Ich werde einen Film über die beiden machen.

*I*rgendwie sind alle meine Filmhelden miteinander ver- wandt. Gut so.

»Aber findest du, daß ich mich in den Geschichten zu sehr wiederhole?« fragte ich den Dorftrottel von Vesuviano bei Neapel, der aussah wie Fernandel mit der Nase von Totò.

»Der Wiederholungsfaktor ist bestimmt«, sagte er wie ein General, fuchtelte mit seinen Händen, und die Sonne fun- kelte in seinem gelben Augennaß wie Bernstein.

Das ist nämlich so: Irgendwo sieht dich jemand an, wenn du noch ein Kind bist, blickt dir mit seinem linken Auge in die linke Pupille und verankert ein Programm in deinem Kopf. Dieser Blick wirkt wie eine schwefelgelbe Sonde, die, ohne die Linse zu verletzen, durch den Glaskörper in den Sehnerv und weiter ins Kerngebiet eindringt, bis sie den richtigen verborgenen Platz gefunden hat und dort ihre Botschaft absetzt.

Dein Gehirn ist zu diesem Zeitpunkt noch so erwartungs- voll und frei wie ein ungedeckter Tisch. Es nützt nichts, auch wenn später feines Porzellan aus Venedig, aus Doccia oder vom Campodimonte in Neapel, Tafelgold und -silber oder, möglicherweise, Blechnäpfe mit harten Brotkrümeln und abgestandenes Wasser in verbeulten Bechern diese Wahrnehmungsplatte füllen. Ob du das Flugschiff oder den Traktor lenkst, ob du mit der Pinzette oder mit der Hacke

arbeitest, ob du gegen Fliegen oder gegen Bestien kämpfst
– du wirst doch nur von diesem einen Programm gesteuert,
von diesem einen Blick, der dir vorgibt, was zu geschehen
hat. Du wirst nach diesen Mustern den Tisch ordnen, bis
du eines Tages selbst einem Kind mit deinem linken Auge
in die linke Pupille schaust. Basta!

Via della croce

Sie sitzt im Flugzeug Los Angeles-Rom. Sie hat sich gesagt: Weg von hier, weg aus dieser Stadt, die mich auslacht. Sie weint ihrem Vergangenheitszirkus nicht die geringste Träne nach. Nicht einmal eine runde. Durch die Welt fliegen gefällt ihr ohnehin. Sie hat viele Kleider und Schmuck bei sich. Eine Dame von Welt.

In der Touristenklasse hat sie eine Kollegin entdeckt: Tura Santana, ein ehemaliger Star aus Russ Meyers Vulgärfilmen. Sie freut sich über die grausame Tatsache, daß ihre Kollegin aus dem Leim gegangen ist. Sie hat noch vor Augen, wie Tura Santana in *Faster Pussycat, Kill, Kill, Kill!* in einem Porsche durch die Wüste raste. Jetzt geht sie auf Krücken.

Ihr geht es besser: Ruhm, Klatsch und Tratsch, das Echo ihrer Skandale hält sie beweglich.

Das Flugzeug plumpst hart wie eine Bleikugel auf der Piste auf. Sie betrachtet sich im Spiegel des Aufzugs, der von der Ankunftshalle in die Tiefgarage fährt. Liftfahren, speziell nach unten, gefällt ihr. Große Sonnenbrille, wie üblich, die Haare in ein Seidentuch gewickelt, rote Handschuhe, blaue Jacke, blutrote Hose.

Sie hat das Gefühl, daß sie jemand von hinten berührt. Einbildung, es ist niemand da. Die Limousine des Modeschöpfers steht bereit, ein Chauffeur kümmert sich um alles Lästige.

Während der Fahrt nach Rom betrachtet sie den Himmel. Die Sonne ist noch nicht untergegangen, der Vollmond hat schon Position bezogen. Als Mädchen hat sie ihre Wünsche dem Vollmond anvertraut; heute hat sie ihren Psychiater.

In der Stadt läßt sie das Gepäck ins Hotel bringen, sie geht in eine Weinhandlung Isabella Roffi in der Via della croce. Aus der Kühle des klimatisierten Autos verschwindet sie in eine andere. Sie zieht sich in das Hinterzimmer des Geschäfts zurück, in dem ein paar Tische und Stühle stehen.

Man empfiehlt ihr einen San Marco 1980 von Castello dei Rampolla, sie entscheidet sich für einen Vino Nobile di Montepulciano.

Der Termin bei dem Modeschöpfer ist erst morgen nachmittag.

Jetzt ist es neun Uhr, also kann sie fünf Stunden trinken, zehn Stunden schlafen, sich zwei Stunden schminken. Die exakte Disposition gibt ihr das Gefühl der Freiheit für die nächsten Stunden.

»Wirf endlich die Arzneien aus dem Fenster und trink lieber Wein!« hat ihr Ex-Ehemann Richard immer gesagt.

Ob das ein guter Rat war?

Erst nach der halben Flasche Wein bemerkt sie im Dunkel des Raumes einen etwa 45jährigen Mann. Er sieht aus wie ein intelligenter römischer Taxifahrer, unrasiert, zerwühltes schwarzes Haar, mit einer abgewetzten Jeans-Jacke. Am linken Handgelenk trägt er ein buntes Stoffband. Er ist leicht betrunken, vor ihm drei leere Flaschen Sassicaia. Er murmelt unverständliche Worte, die nach ihrer Deutung ein Gemisch von Fernweh, Begierde und Genuß sein könnten.

Verdammt, nächste Woche läßt sie sich auf die achte Ehe

ein, und jetzt beginnt sie sich für diesen Typen zu interessieren.

Der Mann hat ihre Blicke bemerkt. Er hebt das Glas und singt: »Enormer Mond, umgekehrter Himmel, ich fühle den Süden ...«

Sie muß lächeln, dann hört sie seine Stimme: »Ich habe nie die Demütigung gefühlt, ein Clown zu sein! Sie? Sie sind doch ein Clown?«

Interessanterweise reagiert sie gelassen, im Gegenteil, sie beginnt sich für das Gemurmel zu interessieren. »Setzen Sie sich zu mir. Normalerweise werde ich mit hundert roten Rosen begrüßt, heute mache ich eine Ausnahme.«

Der Mann setzt sich zu ihr, seine Spezialflasche hat er mitgenommen. Sie stoßen an.

»Sie sind eine Expertin in vielen Bereichen. Das habe ich sofort gesehen. Vor allem aber eine Expertin aller Schönheitsinstitute der Welt. Warum sollte ich die übliche Form der Annäherung anwenden? Ziehen Sie Ihre roten Handschuhe aus. Aber im Stil Ihrer Filme. Und ich sage Ihnen, wieviel Sie erlebt haben!«

Sie reagiert verwundert, läßt aber alles mit sich geschehen. »Haben Sie so immer Ihre Frauen verführt?«

Der Mann zupft an den Blättern einer Margerite, die er aus der Jacke gezaubert hat. »Nein«, sagt er. Wieder einmal »nein«, als das letzte Blatt gefallen ist. »Gestern saß ich auch mit einer Dame hier. Die Liebe muß immer zerbrechen, weil man wissen will, wie es ausgeht.«

Ihre Zunge ist vom Rotwein bereits violett, als hätte sie Brombeeren gegessen: »Ich lade Sie zu meiner Hochzeit ein, am sechsten Oktober in Hollywood. Sie können die Dame von gestern mitnehmen.«

»Beides geht nicht«, sagt der Mann. »Nächste Woche beginnt die Weinernte. Der Weingarten erträgt nur die Wahrheit. Er erträgt keine falschen Feste. Sie sind ein Vampir, gnädige Frau. Sie brauchen alle fünf Jahre eine neue Liebe. Nur so überleben Sie. Ich sehe es in Ihren Augen, die die Stunden Ihres Lebens anzeigen. Ihre Pupillen pochen im Sekundenrhythmus. Wenn man wissen will, wie spät es ist, braucht man nur in Ihre Augen zu schauen.«

»Sie sind eine traurige Figur. Sie sind ein Clown, ein Clown, der nicht einmal komisch ist«, sagt sie, und in dem Moment kommt es ihr so vor, als hätte sie sich in den vermeintlichen Taxifahrer verliebt. Sie betrachtet seinen Hals, der aus dem abgewetzten Kragen der Jeans-Jacke ragt, und den Ansatz seiner Haare.

Bleibe ich ewig minderjährig? So rasch habe ich mich verliebt, bevor ich achtzehn Jahre alt war, denkt sie. Was würde Hollywood dazu sagen, wenn ich die Hochzeit abblase? Ich bin eine Schlange!

Als ob er ihre Gedanken gehört hätte: »Eine Schlange? Wissen Sie, warum eine Schlange auf dem Bauch kriechen muß? Weil sie es mit dem Teufel getrieben hat!«

An jedem anderen Tag hätte dieser Mann eine Ohrfeige bekommen, daß sämtliche Gläser dieser Weinhandlung geklirrt hätten.

»Wie ist die Farbe Ihres Taxis, das Sie fahren?«

»Wieso Taxi?«

»Sie sind doch offensichtlich ein römischer Taxifahrer an seinem freien Tag. Und wie alle Chauffeure dieser Welt dürfen Sie sich nur einmal in der Woche betrinken.«

»Ich bin im selben Fegefeuer wie Sie. Ich mache Filme. Ich warte auf eine Kollegin von Ihnen, sie heißt Tura Santana. Sie war ein Star von Russ Meyer. Ich habe ihr den Flug nach Rom bezahlt. Die Kosten ihres Übergepäcks, ihren Rollstuhl, hat die Produktion übernommen. Sie wollte eine Weinernte erleben. Mein Weingarten ist klein. Nur eine alte Stockkultur. Dort steckt der Wein seine Arme nach oben zur Sonne, und die schenkt den Trauben die Kraft, daß der Wein schmeckt, wie er uns schmeckt. Bei der Hochkultur, verehrte Künstlerin, wo der Wein auf Drähten gespannt ist, erreicht die Sonne die Trauben nur selten. So wie mein Wein wächst, kann ihn auch Tura Santana ernten. Die Liebe, gnädige Frau, muß einen Anfang haben. So wie der Herbst.«

Ich erlaube nicht, daß dieser Betrunkene mich zum Weinen bringt, denkt sie sich, und eine kreisrunde Träne quillt aus dem Uhrwerk ihres Auges.

»Weinen Sie nicht«, sagt er, »sonst weine ich mit.«

»Gehen Sie«, sagt sie, »ich kann Sie nicht mehr ertragen.«

»Gehen Sie«, sagt er, »denn ich will Sie nicht besitzen. Ich habe nichts gegen Sie gesagt, sondern für mich. Das ist ein Unterschied. Dennoch: Frohe Hochzeit.«

*K*eine Hochzeit. Unverheiratet, aber hochschwanger kam in der Silvesternacht 1944/45 meine Mutter, begleitet von ihren Eltern, nach Wien. Den Rest ihrer Familie hat sie nie wieder gesehen. Während der sechshundert Kilometer Zugfahrt, die sie auf der Stelle tretend im Güterwagen verbrachte, war ununterbrochen Bombenangriff.

Um zehn Uhr abends blieb die Dampflokomotive nach einer Notbremsung in Heiligenstadt stehen. Der Franz-Josefs-Bahnhof brannte, und die Geleise dorthin waren nicht mehr vorhanden. Alles raus aus den Waggons! Menschen, Kisten, Koffer, Bündel, Hausrat, auf Kinderwagen gestapelt, rasch!

Der Zug stand in einem Kreis von brennenden Häusern, mein Großvater ging mit meiner Mutter durch die von Flammen erleuchtete Nacht. Im Donaukanal trieben tote Menschen und Pferdekadaver stromabwärts. Alte Leute luden junge auf Schubkarren und vergruben sie notdürftig in ehemaligen Parkanlagen. Massengräber.

Nach sieben Kilometern erreichten sie eine Gärtnerei in der Brigittenau. Sie weckten einen befreundeten Arbeiter und baten ihn, sein Fuhrwerk ausborgen zu dürfen. Der Gärtner hatte ein zweijähriges Pferd, aber das konnte noch nicht selbständig ziehen, man mußte es am Zaum führen. In Schlangenlinien, um die Bombentrichter herum, zurück zum Zug. Neun Kilometer.

Die Flüchtlinge stürzten sich auf das Gespann, eine verzweifelte Schlägerei begann, einen Kilometer lang Hin- und Hergezerre. Den dreien gelang es schließlich, das Fuhrwerk zurückzuerobern und zu beladen.

Nach zwölf Kilometern kam der Troß in der Prater-Gegend an. Ihr Haus war halbiert, das Dach lag auf der Straße. Das Stiegenhaus hing in der Luft. Alles abladen und hinauf in die Wohnung im vierten Stock tragen. Siebzehnmal die Freiluftstiege hinauf und hinunter: acht-komma-fünf Kilometer. Zunächst Decken vor die Fensterhöhlen nageln, dann Alarm: Raus aus der Ruine! Bomben. Blindgänger wurden von Zivilisten entschärft, Explosionen im Dreivierteltakt.

Fußmarsch durch Drahtverhaue, über Schützengräben, zwischen eingestürzten Häusern, über gesprengte Brücken, zur Wohnung der Eltern meines Vaters. Nußdorferplatz. Immer wieder vom Luftdruck explodierender Bomben niedergeworfen, vierzehn Kilometer.

Dann hinunter in den Keller. Kellerfenster verrammeln. Die Bomben- und Kanonenangriffe wurden immer heftiger. Stundenlang ging meine Mutter mit kleinen Schritten im Kreis, die Hände unter den Bauch gepreßt. Eins-komma-eins Kilometer.

Ein Flugzeug, direkt über dem Haus. Eine Bombe schlägt vier Stockwerke durch, wie ein geschliffenes Schwert, dann platzt sie.

Nach sechshundertzweiundfünfzig-komma-sechs Kilometern Wanderung wurde es meiner Mutter weiß vor den Augen, als ob sie in einen Schneesturm geraten wäre.

Krabben, Sex und Kinoflucht

Ich versenke mich in meine Imaginationen, versinke in Irrationalismen, Skurrilitäten und Absurditäten, verspinne mich in eingebildeten Gedanken.

Das Telefon läutet: Es ist der Psychologe Walter Schurian: »Du kannst deine Imaginationen auch als den Schopf benützen, mit dem du dich aus den Abhängigkeiten und Verstrickungen herausziehen kannst. Im übrigen, ich komme heute zur Premiere deines Wahnwitzes, wenn ich nicht zu müde bin.«

Wahnwitz?! Die Frechheit zeigt Wirkung.

»Ich laß dich nicht ins Kino.«

Ich finde den Film nicht zu scharf. Bei der Rohschnittvorführung bin sogar ich eingeschlafen. Mein 13jähriger Sohn Serge sagt: »Dein letzter Film ist ›weird‹.« Er spricht weiter: »There are times when people just aren't in the mood for Kafka, Sartre or Kierkegaard.«

Komisch, ich habe mir das bei den Dreharbeiten auch gesagt.

Das Telefon läutet wieder. Der Filmjournalist Peter Illetschko erzählt mir, daß er bei der Retrospektive meiner Arbeit im Frühjahr eingeschlafen sei. Ob es ihm heute abend auch so ergehen werde?

Ich tröste ihn, eingeschlafen ist schon sein älterer Kollege Martin Schweighofer bei der privaten Welturaufführung des Films *Richard und Cosima* in meiner Küche. Diesen

Film, der später in der »Selection officiel« in Cannes gezeigt wurde, haben da nur wenige Journalisten gesehen. Arg torpediert, denn während der Pressekonferenz wurde bekannt, daß Lady Di die Journalisten zu einem Krabbenessen eingeladen hatte. Manchmal ist man eben in der Stimmung für Krabben, Sex und Kinoflucht.

Filmpremieren sind eine dialektische Sache: beschissen, aber nicht hoffnungslos. Diese wechselhaften Zustände sind nicht spurlos an mir vorübergegangen. Eine klassische Neurose, beginnender Verfolgungswahn.

Vor dem zweiten Kaffee ein Fax von dem Autor Jonathan Carroll: »Life is a bitch!«

Jetzt bestimme ich, wer meinen bisher letzten Film sehen darf. Gewisse Voraussetzungen von den Zuschauern sind einfach notwendig. Auch wenn ich jeden einzelnen Kinogänger heute abend begrüße und prüfe. Die Auswahlkriterien sind wie überall strenger geworden.

Auch ein Rätselspiel oder ein Quiz an der Kinokasse wäre überlegenswert. Zum Beispiel: »Von wem ist das Bühnenstück *Buddy Goes Bloody?*

Jonathan, der Autor, tippt auf eine »beautiful, rich, famous, thin, chic person« à la Sam Shepard. Falsch. Er wird nicht ins Kino gelassen. Oder: »Was könnten ein freßsüchtiger Priester und sein korrupt kosmopolitischer Bruder besprechen?« Geschäfte? Nicht so direkt, bitte. Auch keine Kinokarte für diesen Anrufer. Man weiß, worüber solche Brüder reden, aber man redet ganz einfach nicht darüber. Die Angst, daß die Falschen den Film sehen, wird immer größer. Am schlimmsten sind die Zweifler. »Zweifeln Sie an der Echtheit des Busens der Hauptdarstellerin Frau Sonja Kirchberger?« Weg! Kein Einlaß. »Zweifeln Sie daran, daß sie ohne Robert van Ackeren und das Magazin

X überhaupt existiert?« Weg! »Zweifeln Sie an ihrer Darstellungsgabe in einer Mutternummer-Rolle? Oder als Göttin Isis, die sich besonders um das beste Stück von Osiris kümmert?« Weg! »Zweifeln Sie, daß der 160-Kilogramm schwere Hans Peter Heinzl, abgesehen von einem 5-Minuten-Furz, noch andere spitzfindige und schwierige Töne in diesem Film von sich geben kann?« Weg!

Wer den Furz nicht erwähnen darf, darf vom schwarzen Schaf der Familie nicht reden. Und darum geht es in meinem Film *Es lebe die Liebe!*

Der Furz von Hans Peter Heinzl ist, semantisch gesehen, eine künstlerische Leistung. Von der Linguistik und der Filmkritik völlig vernachlässigt, habe ich ihm die Unsterblichkeit geschenkt. Wer die Warnung des Heinzl'schen Furzes nicht ernst nimmt und nicht versteht, daß sein Unterleib konstant in rasender Aktion ist, der läßt sich auch von einer Autohupe nicht warnen und wird glatt überfahren. Auf jeden Fall: In meinen Film darf so jemand nicht.

Ich lasse auch niemanden hinein, der dem in Italien zum Schauspieler des Jahres gewählten Massimo Ghini unterstellt, er wäre nur deshalb so gut, weil er von Thomas Fritsch synchronisiert wurde. Oder von der französischen Künstlerin Sophie Renoir meint, sie sei nicht so schön wie ihr Vater Jean, aber dafür auch nicht so begabt …

Neulich traf ich den Filmproduzenten Carl Spiehs im Sacher. Er erklärte mir, daß seine neueste Entdeckung als Drehbuchtalent Fritz Eckhardt heiße. Ich beginne ansatzlos zu weinen, er grundlos zu lachen. Ich liebe ihn, er bekommt eine Freikarte.

Es ist für einen freundlichen Menschen schwierig, nein zu sagen. Je freundlicher jemand ist, umso mehr wurde der Eigensinn aus ihm herausgetrieben. Aber der Wunsch, daß diesen Film nicht jeder sehen soll, ist Rechtsverlangen. Neulich habe ich erlebt, wie ein Minister bei einer Filmpremiere war. Er ist bei brennendem Saal-Licht aufrecht in den Zuschauerraum geschritten. Als es finster wurde und der Film begonnen hatte, kroch er wieder aus dem Saal. Er wollte sein Gesicht wahren, drückte es ganz tief an den Boden, hat sich aber die Knie und Hände schmutzig gemacht. Im Foyer hat ihm der Präsident aller österreichischen Filmregisseure mit melancholischem Blick ein Kleenex gereicht. Dabei hat er ausgesehen wie der Kämmerer von Ludwig XV.

Die Hawlicek war das nicht. Die Hawlicek ist, wenn sie einmal gut gesessen ist, sitzengeblieben. Der Hawlicek könnte ich den Film zeigen. Der Pasterk auch. Die Pasterk hat ein Herz für Filme. Nicht unbedingt für meine. Aber den Werner Herzog liebt sie. Vielleicht weil er so einen gigantischen Humor hat.

Ich lasse auch niemanden ins Kino, der an der Kompetenz des Produzenten, der hauptsächlich nebenbei Rolls-Royce fährt, zweifelt. Oder meine Künstler kritisiert, ohne ihr Gesicht gesehen zu haben. Ich habe schon bei meinem ersten Film den amerikanischen Schauspieler Gordon Mitchell hinter einer Gummimaske spielen lassen, weil ich seine übertriebene Mimik nicht in den Griff bekommen konnte.

In *Es lebe die Liebe* wird wieder hinter Masken gespielt. Obwohl, diesmal hat Herr Mitchell gar nicht mitgespielt. Der großherzige Kleinverleiher Hans Peter Hofmann darf zur Premiere. Er hat schon *Kassbach* und *Den Tüchtigen gehört die Welt* schlafend repräsentiert, er kann dabei so lachen, daß die feinen Leute den Kopf schütteln. Außerdem sind wir auf der Abschußliste des Gesundheitsministers ganz oben gereiht: Herr Hofmann ist der letzte »Golden Smart«-Raucher. Für ihn lasse ich das Rondell-Kino aufsperren.

Noch einer darf heute abend ins Kino: Martin Scorsese. Ich habe ihm 1984 in Peking die *Kottan ermittelt*-Filme auf wienerisch gezeigt. Als er aufgewacht ist, hat er beschlossen, eine Komödie zu machen: *After Hours*. Als Dank für diesen Impuls hat sein Hauptdarsteller, der in diesem Film nichts wie schlafen wollte, am Telefon immer nach mir gerufen. Der Spaß hat mir den Termin bei Steven Spielberg eingebracht, der aber abrupt abgebrochen wurde, nachdem ich gedankenversunken in seinem Wohnzimmer eine Golden Smart angeraucht habe. Das war alles. In Österreich hielt man diese Hommage von Scorsese an mich für den Gag eines Synchronregisseurs.

Der dritte Kaffee, damit ich aufwache, denn wenn das so weitergeht, genügt es, wenn ich zehn VHS-Cassetten ziehen lasse und verteile. Aber der Verleiher wird dagegen sein. Ich kann mich auch gegen den Verleiher entscheiden – ich muß nicht –, aber sicher dagegen, daß das Müssen mit mir alles machen kann.

Alle, die an dem Film mitgearbeitet haben, dürfen ihn sehen.

Eigentlich sind die Vorführungen für das Team immer die schönsten. Jahrelang haben wir das so gehalten. Ein Wirtshaus, eine Projektion, Zeiss-Wanderkino und Hose runter. Unter Ausschluß der Bürokratie, der Meinungsforscher, der Pornojäger und Wochenendbeilagenkünstler. Eine Privatgalerie mit Termin nach Vereinbarung. Es läutet das Telefon: »Wie lang ist das Werk? Ich muß rechtzeitig vor dem Fernseher sitzen, ich bin nämlich in den *Seitenblicken*.«

Absolutes Kinoverbot haben die, die zum falschen Zeitpunkt die falschen Fragen stellen. Zum Beispiel: »Wo wurde das gedreht? Ich glaube, wir waren dort schon auf Urlaub.« Oder: »Warum schaut im Film der Präsident Andi wie Stalin aus, wo sich doch später herausstellt, daß er ein Kindermörder ist, der seine kleinen Opfer mit kleinen weißen Modellflugzeugen anlockt?« Oder: »Ist der sprechende Zahn von Frau Kirchberger real, wurde er in Los Angeles eingepflanzt? Sie war ja öfters dort. Und wieso klingt der Maler Attersee aus ihrem Mund? Warum spielt die Bibiana Zeller nicht mit – und die Gusti Wolf auch nicht. Der Sex wäre dann … fester. Ich erinnere mich an ihren Seitensprung mit dem Casanova Weinzierl. Jede große Liebe hinterläßt ihre Spuren.«

»Das Schloß, auf dem Sie gedreht haben, ist ein interessantes Motiv. Warum sieht man nicht mehr davon? Sie wissen, ich liebe Landschaftsaufnahmen, so wie in *Out of Africa* oder *Ryan's Daughter*. Warum spielt bei Ihnen der Brandauer nie mit? Der Brandauer ist ein Weltstar. Wahrheit, Leben, Ausdruck – in einer Beinbewegung. Um wieviel Uhr, glauben Sie, darf man so etwas senden? Nach Mitternacht, am Buß- und Bettag?«

Ich flüstere ins Telefon: »Laß mir Luft, daß ich reden kann!« Ach was, es hört keiner zu.

Weiter ausgedehnt wird das Kinoverbot auf die Kenner und Fetischisten. Sie verfolgen mich mit ihren Belehrungen im Traum: »Sie haben zu unterhalten, dürfen aber nicht zu weit gehen. Man muß Sie in Schach halten, eingrenzen, beschützen, daß Sie nicht Ihr eigener Schädling werden. Sie arbeiten mit zu großer Aufmerksamkeit für eine zu minimale Gruppe von Fans. Es geht schließlich um billigere Preise für das angenehm Beliebige; nur chic auf das Scheußliche schauen, beim TV-Programm vorbei- und durchdrücken.«

Das Telefon läutet. *Kultur aktuell,* Gabi Flossmann. »Ich wollte nur fragen, ob du heute zu deiner Premiere kommst. Das letzte Mal hast du mich mit deiner Abwesenheit in Schwierigkeiten gebracht.«

»Gabi, ich habe schon den ganzen Tag darüber nachgedacht. Ich glaube, es ist besser, du kommst zu mir und schaust dir den Film bei mir in der Küche an. Aber schlaf nicht ein. Nimm unterwegs Jonathan Carroll mit, ich habe eine neue Quizfrage für ihn. Wenn er sie beantwortet, darf er die Arbeitskopie von *Es lebe die Liebe!* in den Projektor spannen. Was man vermutet, was man nicht sieht, das regiert die Welt! Oder?«

*M*an sah die Hände nicht vor dem Gesicht in diesem
Dschungel. Im März 1987 kam mir in einem italienischen Restaurant in Los Angeles die Idee, einen Weingarten und einen Wald in Italien zu kaufen. Wenige Monate
später war ich im Besitz von ein paar hundert überalteten
Weinstöcken, einigen methusalemartigen Olivenbäumen
und einigen Hektar Eichendschungel. Alles war mit teilweise vier, meist aber fünf Meter hohen Schlehendornen
zugewuchert. Die Pinien, die im Zentrum des Waldes standen, waren in einem erbärmlichen Zustand. Mit funkelnden Augen erklärte mir ein italienischer Bauer, daß es im
letzten Winter so viel Schnee gegeben hatte, daß die ober-
schenkelstarken Äste der Bäume unter dieser Last mit ex-
plosionsartigem Krachen abgebrochen waren. Von der zum
Grundstück gehörenden Scheune war nur der Rest des Daches zu sehen, alles andere war von mauerfressenden Pflanzen verschlungen. Den Dreschplatz sah man nur, wenn
man wußte, daß er einmal dort war, und weil auf dem klas-
sisch proportionierten Rechteck keine hohen Büsche gewachsen waren.

»Was hab ich da gemacht?« Ich konnte mir die Anschaf-
fung dieser Katastrophe gerade leisten, aber es gab überhaupt keine Perspektive, dieses Dickicht je zu einer Landschaft zu machen.

Als mich der römische Schauspieler Riccardo de Torre-

bruna besuchen kam, um mir seine Drehbuchidee über einen alten Mann zu erzählen, der in den Katakomben von Rom wohnt und junge Mädchenköpfe zu Telefonanrufbeantwortern verdrehen kann, indem er ihnen blitzartig die Zungenspitze in die Ohren steckt, nahm er aufgeregt eine Schaufel in die Hand und begann – ohne zu wissen, was er tat –, die in Jahrzehnten angewehte Erde von den großen Steinplatten des Dreschplatzes zu schieben.

Sieh mal an, dachte ich und tat so, als ob ich seiner abstrusen Geschichte zuhören würde. Indessen verfolgte ich sein manisches Schaufeln.

Am nächsten Tag wurde Riccardo von seinem Freund Massimo Luccioli, einem Maler aus Tarquinia, abgeholt. Massimo stand mit sehnsüchtigen Augen vor der zugewachsenen capanna *und sagte: »Was für ein schönes Atelier.«*

Ich gab ihm recht: Erst müsse man die mauerfressenden Pflanzen entfernen, den Rest des Daches und die Mauer abtragen, dann ein Fundament gießen, die Mauern wieder aufbauen, das Dach wieder draufzimmern, Fenster und Türen einsetzen. Und für den Winter natürlich einen Kamin bauen, dann könnte man Feuer machen und eine Flasche Rotwein öffnen.

Massimo sah mich lächelnd an und verlängerte meinen Satz: »... und ein liebes Mädchen umarmen. Typisch Nordländer, erst jahrelang renovieren und dann geschwächt genießen wollen. Wir in Italien machen gleich den Wein und das liebe Mädchen auf, und wenn das angenehm war, verschieben wir das Renovieren.«

Ich hatte rasch herausgefunden, daß man in puncto Schaufeln, Sägen und Schleppen mit Malern viel weniger anfangen konnte als mit Schauspielern. So verlegte ich ab nun Projekt- und Drehbuchbesprechungen nach Italien.

Bis jetzt gab es kaum Absagen. Die Schauspielkünstler rei-
sten mit hellen Seidenanzügen und eleganten Strohhüten
an, Diktiergeräte, gespitzte Stifte und bunte Marker in
ihrem Köfferchen bereit. Der erste Abend gehörte der all-
gemeinen Geselligkeit. Ab und zu machte ich eine Andeu-
tung von dem zu erwartenden Filmprojekt. Kurz vor dem
Umstieg von Wein auf Grappa mußte ich den dramaturgi-
schen Punkt erwischen, um eine kleine Sorge auszuspre-
chen: Das Brennholz geht zu Ende, neues müsse geschnit-
ten, der Efeu von den Eichen abgetrennt werden, weil er
sie sonst erwürgen würde; die Straße zum Weingarten
müsse mit ein paar Schubkarren Schotter verbessert, die
abgebrochenen Äste aus dem Wald gezerrt werden, weil sie
im trockenen Unterholz leicht zum Brennen anfangen
könnten.
Wenn der Vortrag meiner Sorgen richtig und glaubhaft ge-
spielt war, kam eine großzügige Bewegung mit den Hän-
den, ein seitlich nach hinten gelegter Kopf, eine langsame
Bewegung der Augenlider und der Satz: »Da kann ich dir
schon helfen.« Arbeitskleidung und -schuhe hielt ich heim-
tückisch in allen Größen bereit.
Mit noch leichtem Grappadunst ging es sehr früh in den
Wald. Jetzt war entscheidend, nach einigen Stunden Schuf-
ten und Schwitzen, einen Halbsatz über den zu erwarten-
den Film, über die Figur und die Rolle aufblitzen zu lassen.
Am Abend, rechtschaffen müde, gab es wieder Wein und
Grappa, und ein Drehbuch lag in Griffweite. Aufgeschla-
gen durfte es noch nicht werden.
Meistens reisten nach drei bis vier Tagen die Künstler un-
rasiert, mit Knochen-, Muskelschmerzen und kleinen Un-
geschicklichkeitsverletzungen aus Italien ab. Nie verbittert,
denn bei der Verabschiedung kam der Hinweis: »Ich

*glaube, das wird ein guter Film, über die Details können
wir ja dann in Berlin, oder wo auch immer, sprechen.« Nur
wirklich kräftige Schauspieler waren noch in der Lage zu
fragen: »Wie heißt denn der Film überhaupt, und was ist
denn so ungefähr meine Rolle?«*

Felix Paris

Weißt du, Verständnis kann man sich nicht ersitzen. Bewegungen entstehen natürlich nur, wenn man in Bewegung ist. Auch Freundschaften können vorbeiziehen, aber sie sollten immer wieder einlösen, was sie einst versprochen haben.

Jedes Wiedersehen sollte auf den üblichen Zirkus verzichten.

Eine Erinnerung an die Phantasien der sechziger Jahre. Damals waren die Reiseziele Großstädte: Paris, London, New York, Los Angeles. Heute benütze ich den Zug zwischen Tannenwald und Ginsterwald und retour. Ich lese in der Zeitung, daß mein Freund, der Franzose Felix P., mit dem Orden »Pour le mérite« ausgezeichnet wurde. Ich freue mich, denn Felix hat immer nur teilweise verstanden, was er als ganz verstanden vorgegeben hat.

Ich habe ihn gewarnt, das die Mächtigen umschlingende Hoppareiten, was letztlich doch nur Flecken auf der Hose hinterläßt, mit dem Gleichklang von Denken und Fühlen zwischen Freunden zu verwechseln. Nun, er behielt recht. Er hatte immer die richtigen Karten in der Hand.

Er war ja auch immer in einer Art von Bewegung. Von der Volksschule im Bois de Boulogne bis hin zu den verschiedensten Nobelgymnasien, später internationalen Universitäten.

Ich traf ihn das erste Mal in der Zeit des Wassermanns bei

einem Fotoseminar in Saint-Anterre. Wenige Jahre später gehörte er zu den bedeutendsten Filmproduzenten Frankreichs. Das Kapital, um in seinen ersten Film einzusteigen, bescherte ihm *die Bewegung von Sand*.

Er durchwanderte als Legionär mit seiner Gruppe einen Abschnitt der Sahara. Ein gigantischer Sandsturm setzte dem Unternehmen und dem Leben der Beteiligten nahezu ein Ende. Auf einmal hob sich vor seinen Augen ein ganzer Berg. Der Sand, der in einer Kreiselbewegung in den Himmel zu verschwinden schien, gab ein Flugzeug aus dem Zweiten Weltkrieg unversehrt frei, eine deutsche Kampfmaschine. Eine unheimliche Szenerie.

Unter einer Tragfläche der durch den Sand konservierte Leichnam des Piloten, in seinen Händen ein Tagebuch, das Stundenbuch seines Verdurstens.

Felix P. hat dieses Bild mit den de-Chirico-Schatten fotografiert. Die Atmosphäre und die Details. Bilder mit einer Ausdrucksstärke wie das von der »zerronnenen Zeit« von Dali. Das Tagebuch des Piloten hat er an sich genommen, Fotos und Aufzeichnungen um viel Geld an »Time Life« verkauft. Spätere Expeditionen zu dem Fundort sind gescheitert. Der Sand hat nach wenigen Stunden diese Szenerie wieder für immer unter sich begraben.

Felix P. läuft im Zickzack über die dichtbefahrene Avenue Klebert, mit der Anmut eines Toreros kommt er auf mich zu: »Wie lange habe ich dich nicht gesehen? Zehn Jahre? Fünfzehn? Ist ja egal. Was führt dich nach Paris? Was machst du heute abend? Sei um halb zehn in der Brasserie Lipp. Ich gebe ein Abendessen. Ich unterschreibe den Vertrag mit einem großen Schauspieler.«

Schon ist er wieder verschwunden.

Es beginnt, finster zu werden und mit großen Flocken zu

schneien. Dann kommt ein Sturm auf. Ich wandere umher, und eine tautologische Definition beschäftigt mich.

Der Satz »Der Schnee ist weiß« ist wahr, aber nur dann, wenn der Schnee weiß ist. Ich komme an einigen Clochards vorbei, die vom Schnee bedroht werden wie einst der Pilot vom Sand. Später stehe ich im Entree des Restaurants, warte auf meinen Freund und beobachte die immer größer werdende Wasserlache unter mir, die der schmelzende Schnee, den ich mit mir hereingetragen habe, verursacht. Die Schwingtüre wird mit einem Ruck geöffnet, trifft mich, wirft mich in die Arme des Maître, er schubst mich zurück, und ich umarme den eben eingetretenen Jean-Paul Belmondo. Seine Zigarre knickt an meiner Stirne, seine Krawattenspange bohrt sich in meine Unterlippe, er verliert das Gleichgewicht, prallt gegen den Mann hinter ihm, meinen Freund Felix, der im nächsten Moment, durch die Schwingtüre fallend, wieder auf der Straße im Schneesturm landet.

Ein reizender Abend, denke ich. Das fängt ja gut an, klassischer Slapstick.

Belmondo spielt mir gegenüber schockiert, meinem Freund gegenüber geniert, dem Maître gegenüber skandalisiert und den applaudierenden Gästen gegenüber amüsiert.

Ich denke an den Kommentar von Jean-Pierre Melville über Belmondo: »Er kann jede Szene in zwanzig verschiedenen Weisen spielen, und alle sind richtig.«

Soeben überprüft!

Das Abendessen wird ein Zirkus. Belmondo ist umgeben von schönen Menschen, von denen ich glaube, sie alle schon einmal im Film, zumindest auf den Titelseiten von Illustrierten oder auf Kosmetikverpackungen, gesehen zu haben.

Einer sieht aus wie Henry Fonda. Er ist Henry Fonda. Er hebt, am Nebentisch sitzend, das Glas und toastet mit lauter, brummiger Stimme zu Belmondo: »To Jean-Paul, one of the three best actors in the world!«

Wer ist der dritte? denke ich und sehe mich im Speisesaal um. Da muß doch noch einer versteckt sein, sonst wäre er mit seinem Lob nicht so großzügig gewesen.

Die Zigarre von Belmondo war damals mindestens so lang wie die von Schwarzenegger heute. Immerhin, er hat sie auch geraucht. Erstaunlicherweise wollte er so etwas Ähnliches spielen, wie es Schwarzenegger heute unaufhörlich tut.

Beim Verkosten diverser Châteaus hörte ich Belmondo immer wieder sagen: »Action, Stunt, Publique. Mein Publikum, meine Action, mein Stunt.«

Und weil es nichts Weiteres im Moment zu erfahren gab, ließ ich zum hundertsten Mal den Film *Außer Atem* hinter meinen Augen ablaufen. Und auch dieses Mal konnte ich mich nicht entscheiden, ob ich Jean-Paul Belmondo samt Gitanes, Jean Seberg samt Sommersprossen oder Jean-Luc Godard samt dicker Hornbrille aus Liebe umarmen wollte.

Als die Gesellschaft das Restaurant verließ, hatte der Sturm den vorher alles bedeckenden weißen Schnee kreisförmig wieder in den Himmel gehoben. Die Clochards, wie zerrupftes Federvieh, schauen ihm noch zweifelnd nach. Belmondo schlägt Kapriolen, er tanzt über den Granit, ein Affe im Winter. Ich liebe diesen Schauspieler, aber ich verstehe die Filme nicht, die er mit meinem Freund Felix plant. Und ich verstehe nicht, daß er nicht mehr außer Atem sein möchte.

Ich teile das Taxi mit Claude Autant-Lara: »Er ist schon

lange kein großer Schauspieler mehr. Er macht Geld mit einer Art von Unterhaltung für ein Publikum, das nicht mehr von ihm will. Es ist traurig, er könnte der Größte sein.«

Ich schweige, aber ärgere mich, daß ich nicht antworte. Später antworte ich, aber da bin ich allein im Taxi: »Müßt ihr Kritiker immer versuchen, den Stars in die Hosenstulpe zu pinkeln? Vielleicht hat er genug von dem, was euch begeistert. Er hat es ja schließlich gemacht, durchkämpft, durchlebt. Zwei Generationen von Interpreten haben die Gitanes so zwischen den Lippen gehalten wie er. Er war neurotisch, bevor es einen Woody Allen gab. Er war zu bemitleiden, bevor der Asphalt Cowboy durch New York zappelte. Er war ein Macho, lange bevor Mickey Rourke Kim Basinger mit Honig eingeschmiert hat. Er war schon cool, bevor Bruce Willis geboren war. Jetzt ist er grau und hat ein kleines Schoßhündchen. So what? Vielleicht bleibt nach so einem Leben nur so ein Freund.«

Felix ruft mich noch vor dem Frühstück an. »Wir haben noch heute nacht unterschrieben. Weißt du, was die Schlüsselszene sein wird? Ein Flugzeugabsturz in der Sahara. Belmondo macht alles selbst, kein Stuntdouble!«

»Und der verdurstete Pilot?« frage ich.

»Der interessiert doch niemanden.«

Ich sage: »Du hast Belmondo nicht von ihm erzählt. Ihn hätte er interessiert. Du bist schuld, daß Belmondo in den Figuren, die er spielt, den Menschen verliert und nur mehr bei der Aktion außer Atem gerät. Schürst du nicht seine Neugierde, verdirbst du das Spiel.«

Ein anderes Jahr. Eine amerikanische Bar in Deauville. Ich spreche mit Claude Brasseur über die Nouvelle Vague. Er kommt auf Belmondo zu sprechen: »Er tut mir leid, er kann so viel, und er macht schlechte Filme. Er ist auch ein großer Komiker, aber heute ist er eine Art Stuntman de Luxe.«

Warum werden manche so aggressiv, wenn ihnen Belmondo über die Leber läuft? Weil sie ihn einst bedingungslos geliebt haben. Verzeiht ihm seine Holzwege und bezeugt Respekt.

»Weißt du«, sage ich zu Brasseur, »du würdest ihn verstehen, wenn du mit ihm mehr Kapriolen geschlagen hättest. Veränderungen müssen entstehen, wenn man über den Granit tanzt. Auch die große Liebe muß vorbeiziehen. Jedes Wiedersehen sollte auf den gewesenen Zirkus verzichten. Wenn der Sturm kommt, entstehen Bilder. Wenn sich der Sturm gelegt hat, sollte man sie festgehalten haben.«

Geliebte, was hab ich dir schon alles in die Hände gelegt. Silber und goldene Ohrgehänge mit Rubinen, diamantene Flugzeuge, Perlen, dich beschützende Dreiecke, Sterne und Kreise, seidene Schleifen und Kränze aus Platin. Du hast mir auch viel gegeben, stimmt schon, aber etwas vermisse ich schon lange. Und du bist noch nie auf die Idee gekommen, es mir zu geben, an keinem Winter- oder Sommerfesttag. Vielleicht würde dieses Geschenk auch gar nicht mehr wirken, aber einen Versuch wäre es wert.

Das Bild, das ich jetzt beschreibe, ist noch schwarz-weiß: graues Resopal an den Wänden. Vor mir ein ehemals weißer Spiegelschrank, mit Seifenresten drinnen, ein kalkiger Kaltwasserhahn und darunter eine emaillierte Bassena mit vielen Roststellen, in diesem Becken meine Hände. Über dem Haus ist es sehr heiß, hier unter dem Haus, in der Waschküche, ist es kühl.

Meine dicke Freundin Monika stellt sich, nur mit Socken bekleidet, neben mich, beugt sich über meine geschlossenen Finger und läßt langsam ihren Speichel hineinfließen. Jetzt bekommt das Bild schnittartig Farbe. Sie öffnet ein blaues Papiersäckchen und schüttet Himbeerbrausepulver in meine Hände. So rot wie eine geöffnete Vene.

»Nenn mich in Zukunft Jayne Mansfield«, fordert sie von mir.

In der Gerätehütte, im Garten meines Großvaters, bin ich einen Sommer später auf einem toten Frosch ausgerutscht und mit den Händen voran in die abgestellten Petroleumlampen gestürzt. Die Fingersehnen waren zerschnitten, und noch niemand konnte sie damals zusammennähen.

Decknamen

Die Sache hat sich nämlich folgendermaßen begeben.
Kaum einer weiß das. Ich denke, zum siebzigsten Geburtstag darf man sie erzählen.

Es war in den Vierzigerjahren, in einer Parkanlage der
Mormonen, in der Nähe der Melrose Avenue in Los Angeles. Ein Rudel von Zwanzigjährigen diskutierte ihre Kar-
rieren und wie sie sich als künftige Schauspieler profilie-
ren könnten. Auffällig war eine rundgesichtige Blondine,
die Doris Kappelhoff hieß, eine zum Pummeligen nei-
gende Shirley Schrift, ein o-beiniger Grunzer mit dem Namen Marion Michael Morrison, ein muskulöser Gordon
M. Werschkul, zwei Schönlinge namens Roy Scherer und
Archibald Leach, ein kleiner Komischer, Joe Yule, ein
wildfunkelnder Walter Palanuik, einer mit einem auffälli-
gen Grübchen im Kinn, Yssur Danielovich Demsky, ein
Großmaul: Ronald Reagan, und der Attraktivste, der
Schönste und Eleganteste von allen, Walter Matuschanskayaski.

Die Blonde, Doris Kappelhoff, verkündete mit quiet-
schender Stimme: »Ich werde das amerikanische Haus-
frauenfach besetzen und darauf achten, daß man mich nur
mit Sparkling-Star-Filter fotografiert. Nennen werde ich
mich Doris Day.«

Die pummelige Shirley Schrift beschloß, das komische,
aber doch geistige Fach zu wählen, und weil ihr auf Grund

ihrer jungmädchenhaften Fettpölsterchen immer heiß war, nannte sie sich ab sofort Shelley Winters.

Der o-beinige Marion Michael Morrison wuzelte sich mit einer Hand eine Zigarette, mit der anderen ließ er eine Revolverattrappe um den Zeigefinger sausen: »Ich nenne mich John Wayne.«

Gordon M. Werschkul, über eine Wurzel gestolpert, hatte sich die Nase zertrümmert und strahlte: »Jetzt hab ich ein gebrochenes Nasenbein. Mein Name soll Jack Palance sein.«

Der Blonde mit dem Grübchen, Yssur Danielovich Demsky, flüsterte: »Mein Sohn soll es einmal leichter haben als ich. Er soll nicht auf den Straßen von San Francisco herumlungern. Ich nenne mich Kirk Douglas.«

Ronald Reagan reagierte gelassen, er wußte, daß sein Name etwas Größeres bedeuten und die Schauspielerei sowieso nur ein Zwischenspiel sein würde.

Deprimiert von so viel Zukunftsvisionen und so großen Selbsteinschätzungen schlich Walter Matuschanskayaski davon. Er erkannte, daß das Fach der Schönlinge und starken Männer besetzt war, daß die zukünftigen Komiker klein und rund sein würden und der spätere Präsident ein miserabler Schauspieler. Er beschloß, sein edles Gesicht, seinen eleganten Gang und seine sonnige Ausstrahlung neu zu designen. Zuhause, in seinem Untermietzimmer, zeichnete er nach seiner Vorstellung die Figur, die unverwechselbar als Walter Matthau Filmgeschichte machen würde.

Durch Zufall lernte er einen Medizinstudenten namens Bittencourt kennen, der als Requisitenassistent bei einer *Frankenstein*-Verfilmung aushalf. Matthau stand zu der Zeit bei einem Auslagendekorateur als Adonis Modell und hat gelitten. Er gab dem ehrgeizigen Bittencourt den Auftrag, seine Unterlippe etwas hängend, seine Augen etwas dackelig, seine Ohren etwas größer zu gestalten: »Und überhaupt darf nichts zum anderen passen.«

Dann lief er so oft mit dem Kopf durch die Wand, bis dieser oben flach war. Bei Passionsspielen borgte er sich ein Achtzigkilokreuz und schleppte es am Strand von Malibu auf und ab, bis er diesen steifen Oberkörper bekam, der bei jedem Seitenblick mitgedreht werden muß.

Im Zoo studierte er den Lauf der Enten, bis er den perfekten Watschelgang beherrschte. In der noch verbliebenen Zeit spielte er in den verschiedensten Bars von Los Angeles Poker, bis der Blick im Face stimmte.

Der nächste Schritt war, jeden Menschen, dem er begegnete, ausnahmslos zu beleidigen und den Regisseuren, die ihn zaghaft zu besetzen begannen, zu erklären, daß sie sich nach jemand Attraktiverem umschauen sollten.

Prinzipiell will er bei Dreharbeiten nicht wissen, um was es geht, und er ist jedesmal überrascht, daß daraus überhaupt Filme werden. Manche behaupten sogar, daß er nur deshalb Filme macht, weil es so viele hochbezahlte Pausen gibt, wo er Poker spielen kann. Beim Kartenspielen hat er das Gemüt von Franz von Assisi, beim Arbeiten ist er mürrisch und faul. Und das ist er, einer der sympathischsten Schauspieler seiner Generation, Walter Matthau.

Ich würde ihn gerne als Richard III., Charleys Tante, Fiddler on the Roof und Elephant Man gleichzeitig sehen.

Als ich ihn im Restaurant Spago in Los Angeles einmal getroffen habe und ihm dieses Wunschkompliment gemacht habe, ist er mit todernstem Gesicht aufgestanden, hat mich lange angesehen, um dann den Olivenkern aus seinem American Martini auszuspucken. Der Ober ist draufge-

stiegen und ausgerutscht. Das schwerbeladene Tablett hat
die Vorhänge heruntergerissen, die selbstverständlich
durch die brennenden Tischkerzen sofort Feuer gefangen
haben. Die heranrasende Feuerwehr hat das Portal des
Restaurants gerammt, worauf in der Küche die Gasfla-
schen explodiert sind. Der Strahl des Feuerlöschers hat die
Gäste in Schneemänner verwandelt. Walter Matthau hat
seinen Trenchcoat angezogen und ohne einen Anflug von
erkennbarem Ausdruck im Gesicht das Restaurant verlassen.

*I*ch durfte im »Käfig«, wie der mit Maschendraht einge-
zäunte Spielplatz mit den zwei Fußballtoren ohne Netz
genannt wurde, nur mitspielen, wenn ich meinen besonderen Fußball mitbrachte.

Diesen zitronengelben Lederball bekam ich vom Freund
meines Vaters, dem Kinobesitzer, geschenkt: »Daß du auch
etwas Fußballerluft und nicht nur Zelluloiddämpfe einat-
mest«, lächelte er mit seinen dicken Lippen, und das Sechs-
fachkinn wogte gemütlich auf seinem Hemdkragen. Im Jänner hatte er die Kassiererin Lola Fröhlich alias Mitzi
Dvorak geheiratet, nachdem er sie vom »Löskaffee« auf
Schnaps umgeschult hatte. Der strenge Winter hatte die
Liebe beschleunigt.

Weil ich der Kleinste war, durfte ich nicht Stürmer sein,
sondern mußte verteidigen. Zum Torwart war ich hand-
mäßig nicht geeignet, und wenn wir mehr als zweiund-
zwanzig Buben waren, durfte ich nur den Linien- oder
Schiedsrichter spielen.

An einem glücklichen Tag, die Mannschaft war nicht voll-
ständig, durfte ich in den vordersten Reihen mitkämpfen.
Mein Ball kam wie die Kanonenkugel von Münchhausen,
ich streckte den Fuß weg, und er ging in die linke Oberecke
des Tores. Elf Lehrlinge mit sprießenden Gesichtern haben
mir dafür anerkennend auf die Schulter geklopft. Wieder
ein Ball, er prallte an meinem Schienbein auf und ging in

die linke untere Ecke des Tores, wieder Anerkennung. Der dritte Ball, und ich springe und köpfle die Kugel in die rechte Kreuzecke. Keine Ahnung, warum ich gesprungen bin.

Eigentlich hätte ich ab diesem Zeitpunkt Mitglied dieser Mannschaft werden müssen. Als sich der Spielplatz geleert hatte, ging ich sehr glücklich mit meinem Lederball über den grauen Platz nach Hause. Vor dem Haustor ließ ich den Ball auf den Boden springen, dribbelte und spielte wie ein selbsternannter Virtuose, bis mich zwei Hände an den Schultern packten. Da stand die gesamte Gegner-Elferschaft vor mir, drückte mich in den braunen Rasen, zog mir die Hose runter, warf meine Schuhe weg und schnitt mir mit einem Küchenmesser die Ferse durch.

Bridge

Der Produzent ruft einmal wöchentlich an. Er ist hartnäckig, aber er hat kein Geld. Er braucht meine Zustimmung zu seinem Projekt, um Geld zu sammeln. Meine Geschichte, an der ich gerade arbeite, versteht er nicht.

»Programmierter Flop«, sagt er.

»Wir sitzen nicht im selben Boot«, sage ich.

»Was ist mit Ihnen los? Sie sind weder unsterblich noch bereits vernichtet. Machen Sie meine Fernsehserie, und man wird Sie vom Strick schneiden.«

»Ich baumle nicht am Galgen, ich befinde mich in einem Stadium von dämmerndem Schlaf. Ich ziehe die herzhaft schmerzende Erstarrung dem Fernsehprogramm vor.«

»Ihre Zukunft«, schreit der Produzent in das Telefon.

»Schauen Sie bitte optimistisch in meine Vergangenheit«, sage ich. Er legt auf. Ich gehe in meinen Backyard, den Ort der Schatten.

Im Garten

Natürlich lebe ich hinter sieben Bergen, in einem Land, beherrscht von mehr als sieben Zwergen.

»So geht das nicht«, meint der Fernsehproduzent. »Von dort aus kannst du nicht zuschlagen. Das ist zu weit vom Schuß.«

Was meint er? Welch Verwirrung der Sprache.

Mein Agent in Los Angeles verdreht die Augen: »Peter, you are killing yourself, you have to be where the action is.«

Wo will er, daß ich lebe? In der Bildröhre von CNN?

Zum Malen brauche ich Ruhe und zehn Quadratmeter. Zum Schreiben Ruhe und den Küchentisch. Zum Nachdenken italienischen Rotwein und zum Schlafen ein Bett. Und! Ich brauche die kleine Wiese hinter dem Haus.

»Lächerlich«, meint der Medienmogul. »Wir leben auf und nicht hinter den Bergen. Auf dem Küniglberg oder dem Lerchenberg, da gibt es Wiesen genug. Künstliche Seen und Wege aus Betonplatten, daß man sich die Hosen nicht vollmacht.«

Sie werden das nie verstehen. Meine Wiese hat Geschichte. Ich habe sie selbst angelegt. Sentimentaler Sonderling? Mag sein.

Ein englischer Dramatiker kommt auf Besuch. Wir wissen, die kennen sich in der Rangliste des höllischen Reiches aus, auch mit der Pflege des Rasens. Die giftgrünen, englischen Matten sind mindestens so bekannt wie die österreichischen Mozart- und Mottenkugeln.

Nachdenklich geht er, schwarz gekleidet wie ein Rabe, in einem Zauberkreis, meinem Backyard, auf und ab. Seine *Tales from Hollywood* hatten Erfolg, jetzt will er von mir Geschichten aus dem Wienerwald erfragen.

Der Schwarzkünstler bleibt wie angewurzelt stehen. Er beugt sich vor, legt den Kopf schief und blickt auf den Rasen. Hat er mein Geheimnis entdeckt? Ich stimme das Lied »Am Brunnen vor dem Tore, da steht ein Lindenbaum« an, um ihn abzulenken. Zumal es ihn wirklich gibt, den Lindenbaum. Es nutzt nichts, er hat die 30 mal 40 Zentimeter großen Flecken erkannt. Ich hätte den Rasen nicht mähen dürfen. Dann hätten sich diese gedüngten Rechtecke verspielt. Aber jetzt sind sie eindeutig zu sehen. Skurrile Blüten auf langen Stengeln, Farne, Springwurzeln und schwarze Bohnen wachsen in Reih und Glied.

»Was ist das?«

Ich lächle verlegen, versuche mich herauszuwinden: »Land-Art im Minimundus-Stil, Experimente eines Bio-Regisseurs.«

Mein englischer Gast kneift seine Augen: »Irdische Zeichen einer unterirdischen Kunst?«

Ich muß es ihm gestehen: »Du befindest dich auf einem Friedhof. Meinem Friedhof. Und die Quadrate sind Gräber.«

Der Dramatiker: »Gräber? Im DIN-A-4-Format?«

»Genau. Es sind die Gräber meiner Projekte. Hier liegen die Drehbücher in ewiger Ruhe. All die nicht zustande gekommenen oder verhinderten Filme. Die ›abgeschossenen‹, würde der Münchner Produzent wie aus der Pistole geschossen sagen. Treffsicher! Manche Drehbücher wurden alt, ich habe sie Jahre herumgetragen, da sie nicht auf die Beine zu bekommen waren. Manche sind jung gestorben.«

»Only the good die young«, sagt der englische Rabe.

Genau, es gibt einen Zusammenhang zwischen Qualität und frühem Tod. Je feiner das Projekt, desto eher gerät es zwischen die Räder der Sendemaschinen.

Es ist kein Friedhof der Namenlosen. Ich kenne diese letzten Ruhestätten sehr genau.

»Interesting, Gärtner-Anekdoten oder Geschichten eines Nekromanten«, meint der Dramatiker.

Auch nicht! Ermordete gibt es, an Schwäche Zusammengebrochene, aber keine Schwachsinnigen.

»Really indeed?«

Er wurde neugierig, und so habe ich mit ihm einen spiritistischen Rundgang gemacht und die Gräber benannt.

»Schau, hier liegt *Pfisters Mühle* von Wilhelm Raabe, in einer Bearbeitung von Dieter Forte.«

Der Dramatiker: »Von vorauseilenden Gehorsamen auf dem Scheiterhaufen verbrannt. Die Gehorsamen sind so gerne gehorsam, weil sie dadurch perfekt betrügen können.«

Mein Gast spricht wie ein Trance-Redner. Im Unterschied zu mir, der ich eher wie ein Bauchredner klinge.

»Hier, *Therese* von Arthur Schnitzler.«

»Verstaubt und weggezaubert von einer bürokratischen Zauberschrift«, sagt er.

»Das *Hotel Savoy* von Joseph Roth.«

»Gekidnappt von schattenlosen Stellvertretern.«

»Der Inspektor Kottan.«

»Wie ich aus fliegenden Blättern entnehmen konnte, von bürgerlichen Geistern meuchlings erschossen und zweigeteilt.«

»*Das fliehende Pferd* von Martin Walser.«

»Aus Ihrem Arbeitszimmer entführt und von Dämonen verstümmelt.« Dabei zieht der blaß gewordene Engländer vor Andacht die schottische Sportmütze.

»Soll ich weitermachen?«

»Go on. Go on. That's amazing.«

»Hier eine Phantasie über Rembrandt, von Peter Dobai geschrieben.«

»Ich weiß, ich weiß. Von den Experten zu Tode gebrandmarkt.«

»*Bronskys Geständnis* von Edgar Hilsenrath.«

»Von eiskalten Angstwinden davongeblasen. Von schädlichen Geistern vernichtet. Oh no, my friend Hilsenrath, der Autor von *Der Nazi und der Friseur*.«

»Das liegt hier nebenan.«

Andächtig bleibt er bei einem fast quadratmetergroßen, wildwuchernden Stück Rasen stehen und schaut mich fragend an.

Ich zucke verlegen mit der Schulter: »Ein Massengrab: *Shanghai-Passage*, *Rausch* von Strindberg, *Wolfsmühle* von Herbert Knopp, *Alle meine Brüder* von Milo Dor, Ossietzky, am totalen Desinteresse Deutschlands verhungert. Ein Stück von Helmut Riederer, *Breathing You* von Jonathan Carroll.«

»Enough, enough!« ruft der Schwarzkünstler. »Der preisgekrönte Carroll liegt auch schon hier?«

»In der jugendlichen Abteilung«, erkläre ich, »denn diese Grabzeile gehört den jungen Autoren. Manches, was hier liegt, habe ich in einem anderen Leben wiederentdeckt.«

»What kind of andere Leben?«

»In Vorabendserien, Dauerbrandkrimis, Blödelfilmen und bei Konzeptansprachen diverser Fernsehmacher.«

Mein Gast schreitet zügig, doch leise aus dem Garten. Er spricht gedämpft: Er hätte in der Geisterliteratur von sogenannten »Heurigen« gelesen, die einen eigenen Friedhof für ihre, am schlechten Wein vor Ort verendeten Gäste angelegt hätten. Aber daß er einen Friedhof der Träume im Wienerwald finden würde ...

Für mich klangen seine Ablebensgeschichten meiner Projekte ohnehin wie nichtssagende Spekulationen. Seine Totenscheine waren wie aus dem höllischen Hof- und Staatshandbuch der Geister der sieben freien Künste und der höllischen Kurfürsten. Eine Schattenbeschwörung.

Da stolpert er über ein frisches Grab. »Ein neues gefloptes Projekt?«

»Manchmal«, erkläre ich ihm, »gebe ich in meinem Garten Freunden Heimat. Wichtigen Weggefährten, die mich beflügelt haben. Dauerhaften Inspiratoren.«

Er verlangt von mir ein Geschirr mit süßem Wein, ein anderes mit frischem Brunnenwasser und spricht zu den Geistern: »Gehet hin in Frieden und seid zu einer anderen Zeit zu erscheinen willig.«

Dann zwinkert er mir zu: »Du hast alles falsch gemacht, Einfaltspinsel. Du kannst großen Nutzen von den Geistern haben. Du mußt es nur anders machen als bisher, du mußt recht und in gehörigem Maße mit ihnen umgehen, dann kannst du sie dienstbar machen. Liebst du sie in gebührender Weise, so lieben sie dich. Du kannst mit dieser Beschwörung sogar unsichtbare Zwerge sichtbar machen und Managern Riesenschatten geben. Dein Backyard wäre ein blühender Garten.«

Spiegel

Ich habe die Worte des Dramatikers ernst und mir zu Herzen genommen. Man muß umgänglich sein. Mit den Leuten reden.

Flugzeug

Ich fliege nach Frankfurt. Es geht um eine Fernsehserie. Die Drehbücher sind noch nicht fertig, aber das Budget ist vorhanden. Die Hauptrollen sind bereits besetzt. Der Sendetermin steht auch schon fest. Zirka zwanzig Millionen Menschen werden das sehen.

»Aber was?«

»Unterhaltung.«

»Dagegen ist nichts zu sagen.«

»Na also, in sechs Wochen ist Drehbeginn.«

»Aber wo sind die Bücher? Wie sind die Dialoge? Was sind das für Figuren?«

»Alles sympathisch und bunt!«

»Mehr darf ich darüber nicht wissen?«

»Mehr wissen wir selbst noch nicht.«

»Ich habe es wirklich versucht, ich war bei Ihnen, aber Sie können mir nicht sagen, warum ausgerechnet ich diesen Film machen soll.«

»Warum können Sie nicht irgendeinen Film machen? Es werden doch ununterbrochen irgendwelche Filme gemacht.«

Kann man jemanden lieben oder hassen, mit dem man absolut nichts zu tun hat, frage ich mich.

Was kommt dabei heraus, wenn die Verständigung beim Einfachsten scheitert?

Kann ich die Träume von Haustieren oder einer Kakteensammlung so leicht nachträumen, wenn ich mit beiden nichts zu tun habe?

»Ein Profi kann das!«

»Wenn er mit der Metapher von Kakteen zurechtkommt?«

»Nein, wenn er sie richtig beleuchtet, die Blende einstellt, die Schärfe überprüft und den Kameraknopf drückt.«

»Ich danke für das nette Gespräch.«

Neben einem Nichtraucher

Im Flugzeug nach Wien schlafe ich vor Erschöpfung ein.
Ich habe die Geschichte meines ersten Fernsehapparates
geträumt ...

Der erste Fernsehapparat

In meiner Spielzeit wohnte ich in einem Bombentrichter.
Er war einer von vielen am »Spitz«, dem Stückchen Landschaft, das sich durch die Gabelung Donau und Donaukanal ergibt.
Eine Mondlandschaft mit Gasmasken, Stahlhelmen und
Gewehrteilen. Aber auch Biotope, Feldblumen und die
schönsten Schlangen. Wir haben die weiße Schlange ge-
jagt.
»Sie ist das Oberhaupt aller Schlangen. Aber auch in Ewigkeit verstoßen. Sie muß auf dem Bauch kriechen, weil sie
es mit dem Teufel getrieben hat«, hat mein Großvater erzählt. Sagt das nicht auch ein römischer Chauffeur zu einer Braut in einer Weinhandlung?
Meine Spezialität war das Entschärfen von Patronen, um
mit dem so gesammelten Schwarzpulver Feuerbälle in den
Himmel zu schicken. Ein ideales Spielgebiet. Jede Bande
hatte ihren eigenen Krater.
Wenn es dämmrig wurde und ich noch immer nicht zu
Hause war – ganz einfach, weil das Kugelspiel oder die
Mutprobe »Wer ißt den Regenwurm komplett?« noch
nicht entschieden war –, kam mich mein Großvater suchen.
Er ist irgendwie und irgendwann nach dem Zweiten Welt-

krieg von weit her nach Wien zurückgekommen. Er war fast zwei Meter groß, hatte eine Adlernase und gab fast ständig als selbstopfernder Zigarettenhersteller Rauchzeichen von sich. Des öfteren hörte ich folgenden Satz von ihm: »Willst du mit dem Mond reden oder mit den Sternen? So sei verschwiegen und erzähle nichts ohne den Willen dessen, den du gerufen hast.«

Er galt als seltsam, mit einer bilderreichen Sprache. Jedoch die Bilder aus dem Zweiten Weltkrieg, die er erlebt hatte, gab es nie. Es kam nicht auf Minuten oder Stunden an, und so stieg er oft zu uns in den Trichter, um sich ins Gras zu legen und den Wolken oder uns bei den eigenartigsten Spielen zuzuschauen.

»Du mußt aber bald aus diesem Bombentrichter heraus, was aber nicht heißt, daß du dein ganzes Leben auf einem Scherbenhaufen verbringen wirst. Sonst geht es dir wie früher mir. Also komm! Heute abend kommt ein Fernsehgerät auf Besuch. Ein Ausprobierapparat auf wenige Stunden.«

»Und mit dem werde ich über den Rand des Bombentrichters hinaus in die Welt sehen?«

»Eine matte Sache: Nur was du selbst erlebst, zeigt sich ewig – auch dann, wenn du die Augen schließt. Bilder, die man dir liefert, sind wie Rauch, vertrieben vom Wind, wie Wachs, zerschmolzen vom Feuer. Eine alte Sache: Schon Faust hat seinen geliebten Mephisto angepenzt: ›Mach mir einen Bildschirm, auf dem ich von der Welt sehe, was immer ich will ...‹ Der Beelzebub wußte Rat, er schleppte einen magischen Spiegel an, warnte aber: ›Laß erst einen Hund oder eine Katze hineinschauen, bevor du es selbst tust. Denn was du siehst, könnte dein Gesicht zerplatzen lassen.‹«

Wir kicherten. »Geistergeschichten.«

»Wieso, der Mensch erfand das Schiff und kam so mit unbekannten Völkern, die jenseits der Meere wohnten, in Verbindung. Warum sollte es unmöglich sein, sich mit den Fernsehgeistern zu verbinden, wo doch alles eine Kette, ein Kreis ist?«

»Du meinst, so einen Apparat, wie wir ihn heute bekommen, gab es schon früher?«

»Ja. Nur ein anderes Modell. Eines der ältesten war das Kristall. Ihr habt ja auch Freude an euren blitzenden Glas- und Metallkugeln. Ihr starrt ja auch stundenlang auf den Tümpel. So hat man vor langer, langer Zeit die Entdeckung gemacht, daß angestrengtes und anhaltendes Starren auf solche Gegenstände in einen eigentümlichen Zustand der Gedankenlosigkeit und Willensunfreiheit versetzt, was in ein räumliches und zeitliches Fernsehen übergehen kann.«

»Es gibt noch ein bißchen Licht am Himmel. Wenn sich herausstellt, daß du bei uns warst, werden sie nicht schimpfen. Erzähl weiter.«

»Bei den Assyrern und Ägyptern, auch am byzantinischen Hof verband man den Metallglanz mit dem des Wassers. Man warf Gold und Silberblättchen in ein mit Wasser gefülltes Becken, und durch Hinstarren geriet man in einen fernsehenden Zustand. Später hat man eine mit Wasser gefüllte Flasche auf einen weiß gedeckten Tisch in die Sonne gestellt. Über den Kopf der Flasche wurden kreuzweise zwei Olivenblätter gelegt, drei brennende Kerzen um die Flasche gestellt, mit Weihrauch geräuchert. Bald darauf konnte man in dem Wasser Gestalten sehen, Vorgänge beobachten, die weit weg passierten.«

Kopfsteinpflaster

Ich überlegte mir, daß ich das eigentlich auch tat. Ich brauchte nur das Fenster in unserer Küche. Da saß ich auf dem Eisschrank und schaute auf den Platz vor der Siedlung. Dann wurde das Kopfsteinpflaster zum Meer, der spärliche Rasen zum Dschungel, ein Schotterhaufen zum Himalaya.

»Der erste Fernsehdirektor war Michael Nostradamus. Er hat Katharina von Medici auf einer Glasplatte die Kriegsvorgänge im entfernten Frankreich beobachten lassen. Es sind immer schon die Götter oder Dämonen und die Kraft des geschliffenen Steins befragt worden. Das wird dir später wieder einfallen, wenn du zum ersten Mal einer Frau einen Diamanten schenkst.«

Auf dem Eiskasten

Zu Hause wartete der leuchtende Kasten. Der ganze Wohnblock war zu Gast. Ein Knopfdruck: Alle schauten auf das gemeinsame Fenster einer gemeinsam gewordenen Welt. Mein Großvater ging auf den Gang rauchen. Er schaute auf die Feuermauer von gegenüber.

»Warum sitzt er nicht im Wohnzimmer? Schaut sich diesen vorlesenden Menschen an?« Der ab nun Familienmitglied wurde. Großvater verließ die Wohnung. Was hat er beim Gehen gemurmelt? »Weltkrise, Bilderkrise, Sinnkrise.«

Ich setzte mich auf den Eiskasten und schaute aus meinem Küchenfenster. Der Großvater ging über den Platz, seine große Figur wurde immer kleiner, wieder die Rauchzeichen seiner selbstgestopften Zigaretten.

Ein Indianer, dachte ich. Dann blendete ich mein Bild aus, indem ich auf die Scheibe hauchte.

Am nächsten Morgen, um fünf Uhr früh, heizte mein Vater den schwarzgrauen Kamin ein.

Ich sah im Halbschlaf seinen Rücken. Das blaue Zimmer wurde langsam warm, ein rötlicher Schimmer spiegelte sich auf dem Fernsehschirm, der nie wieder mein Zimmer verlassen würde. Ich zog die Decke über meine Nase. Noch zehn Minuten, bis ich die kratzenden Strümpfe anziehen muß. Noch zehn Minuten mein eigenes Fernsehen. Die Medici und ich.

Mein Großvater ist sehr alt geworden. Er hat noch die Gemeindebauten gesehen, die auf den Bombentrichtergründen gebaut wurden. Er hat mir erzählt, daß auch Josef Hoffmann Gemeindebauten entworfen hat; die sehen anders aus. Die Kinder spielen jetzt auf eingezäunten Betonpisten. Falls bunte Glaskugeln auf den Boden fallen, zerbrechen sie in tausend Splitter.

Am Abend ist der Spielplatz leer. Alle sitzen beim Fernsehen. Die Sprache hat sich verändert. Die Kinder quaken den Synchronton. Es gibt kein »leiwand« mehr. Das heißt jetzt »toll«, kein »I hau mi üba de Häuser«, das heißt jetzt »Ich muß endgültig heim«.

Heute ist über dem einstigen Dschungel ein Autobahnkleeblatt, darunter Scheiße von Tausenden Vierbeinern. Welche Sehnsucht der Anrainer.

Mein Großvater hat sehr langsam gelesen, oft habe ich ihn dabei beobachtet. Ein Buch, ein Monat. Ein Bild – er hat mich als Kind regelmäßig in die Museen geführt – bis zu zwanzig Minuten.

Als er starb, saß er in einem Gartensessel. Er hatte einen Stock in der Hand, an dem er sich aufrecht hielt.

Mit Professor Sergius

»Der Künstler ist als sein einziges Instrument immer auf die Feinstruktur seiner eigenen Erlebnisse angewiesen, auch wenn seine Resultate freie Permutationen sind«, liest mir mein Freund, Professor Sergius, aus Erich Frieds Schriften vor.

»Na also, ich habe überhaupt keine Erlebnisse mit Kakteen, und sie beflügeln nicht einmal meine Phantasie.«

»Also, es gibt keine Drehbücher?«

»Es gibt sie, sie kommen stündlich mit der Post, so wie die Nachrichten im Radio. Aber ich kann damit nichts anfangen. Was ich sehen will, will niemand produzieren. Was produziert wird, will ich nicht sehen.«

»Du bist arrogant und in der Krise.«

»Ich habe immer die Filme gemacht, die ich auch wirklich machen wollte.«

»Man kann sich wohl ausrechnen, wie lange du noch durchhältst. Das Leben geht weiter, und es kostet! Mach so eine modische Serie, und du hast Freiraum.«

»Die Modischen gehen Hand in Hand mit ihren Totengräbern. Das Gefühl, eine Kamera hinzustellen und nicht mehr zu wissen, warum, ist schlimmer als Überlebenstraining.«

»Ich schlage dir einen Berufswechsel vor«, meint Professor Sergius. »Viele, die in der Krise sind, machen das. Eine neue Aufgabe, ein neuer Sinn. Auf was hast du Lust? Eröffne ein Restaurant, oder, wenn es schon sein muß, pachte ein Kino. Später kannst du dann wieder mit dem Filmen anfangen.«

»Das geht nicht, Sergius. Ich will nicht fortgehen, und außerdem ist es so: Wenn einer fortgeht, kommt er nicht

mehr nach Hause. Ich werde dir eine Geschichte erzählen,
und du wirst kapieren, um welche Krankheit es geht …

Die eine und der andere

»Weißt du, was das ist: Horror vacui?« flüstert der in seiner Aufgabe ergraute Cameriere eines römischen Luxus-
restaurants mit Ernst und Feierlichkeit dem Piccolo zu.
Dabei schwenkt sein Blick von der Reproduktion des Ing-
res-Gemäldes »Luigi Cherubini e la Musa della lirica« auf
einen versteckten Tisch, an dem gerade Liz Taylor und
Richard Burton Platz nehmen. Der Piccolo schaut auf den
Schinken, für ihn ein reines Raumausstattungsbild, dann
auf den Schauspielertisch; immerhin, die zwei kennt er von
Filmen und von den kleinen Geschichten aus den Klatsch-
spalten.
»Horror vacui, ein Filmtitel?«
»Ein Wort Rabelais' aus *Gargantua und Pantagruel*. Das
Grauen vor der Leere«, erklärt der Cameriere lächelnd.
»Maler haben das, wenn sie ein Bild fertig und das näch-
ste nicht vor dem Auge haben; Dichter, wenn sie nicht
mehr wissen, über was sie schreiben sollen; Bergsteiger,
wenn sie auf dem höchsten Fels waren, und einen noch
höheren gibt es nicht. Artisten, die ihre Grenzen erkennen,
haben das; über Nacht Gekündigte; von einem Geliebten
Verlassene und Kinder, denen man die Liebe entzieht.«
Dann greift er nach der hundertseitigen Weinkarte und
geht im Eilschritt auf die beiden Stars zu.
Burton bestellt für Taylor einen 13gradigen Riserva aus der
Gegend von Radda, für sich selbst: »Whisky, egal welche
Sorte, ein irischer sollte es sein.«

Was auch immer an Speisen gebracht wird, die Taylor nippt, er läßt das Essen unberührt stehen. Kein Problem für den Cameriere: »Vielleicht braucht man keine feste Nahrung in diesem raubtierhaften Beruf, wo man immer zum Sprung bereit sein muß ...«

Die gemeinsamen, monatelangen Dreharbeiten sind heute zu Ende gegangen. Die Produzenten haben das gesamte Filmteam nach Trastevere zur Abschlußfeier geladen. Taylor und Burton haben sich entschuldigt, sie wollen absolut von niemandem mehr neugierig angesehen werden, gerade jetzt nicht, wo sich dieses Gefühl von Angst und Zweifel einstellt: »Habe ich meine Arbeit richtig gemacht? Vor allem wirklich und neu?«

Burton nickt beruhigend. Die Taylor steigt nicht von dieser Achterbahn ihrer Unsicherheit: »Was wird morgen sein? Kann ich ohne das Licht der Scheinwerfer leben? Gibt es für uns ein Leben, nachdem die Kamera ausgeschaltet wurde? Gibt es überhaupt einen Tag, der ohne genaue Disposition und ohne Drehplan funktioniert?«

Burton hält mit seiner rechten Hand die Whiskyflasche, er läßt sie nicht aus, genauso wie er den Blick der Taylor nicht aus seinen Augen läßt; als wäre das alles ganz neu, was er in ihm sieht und lesen kann ...

Nehmen wir an, die zwei trinken an diesem Abend genug. Das Gespräch erreicht den neuralgischen Punkt: »Ist das Spiegelbild stärker als das Bild? Ist unsere Zelluloid-Wirklichkeit größer als unser Leben? Ist die Reproduktion des Luigi Cherubini und seiner Göttin der Kunst hier und jetzt originaler als das Original im Louvre?«

Burton hört zu, was er wirklich kann, welche Tugend ... und er erzählt in Parabeln, was er auch kann, welche Begabung ... und er trinkt zwei Flaschen aus, ohne die Bril-

lanz seiner Pointen zu verwässern, welch fleißiger Geist ...
Die Taylor schließt die Augen und weint. Burton fragt
nicht, warum. Er weiß, es gibt Tränen, die nicht gedeutet
werden dürfen. Der Versuch, ihren Ursprung, ihre Quelle
zu finden, ist so aufdringlich wie eine Schar stimulierter
Touristen in einer Fremdenführerkomödie, die ein Restaurant stürmen, in dem man sich mit sich selbst zum
Schweigen verabredet hat.
»Wohin fährst du morgen? Nach London? Nach Los Angeles?«
Die Taylor: »In die Hölle. Ich werde mein Hotelzimmer
verlassen und in die Hölle fahren. Denn zufrieden – soweit
ich überhaupt weiß, was das bedeutet --bin ich nur, wenn
ich Filme mache, wenn ich mit dir arbeite. Wenn du deine
Hände auf meine Schultern legst und sagst: ›Jetzt gib mir
alles, vergiß nichts, suche es überall. Du hast nur noch fünf
Minuten Zeit, bis die Klappe fällt. Stürz dich in deine
Kindheit und staune, denk an deine geheimsten Wünsche
und begehre sie, bis diese Welt, für die du lebst, beschämt
ist und betroffen von deiner Erregbarkeit.‹ Iß endlich etwas.«
»Ich habe keinen Hunger, ich esse etwas später«, sagt er.
Er sagt nicht, daß Nahrungsaufnahme ein Verrat an der
Aufmerksamkeit wäre, die er ihr jetzt schenken will.
»Versuch zu schlafen«, sagt Burton nach einer Pause.
»Ich kann nicht«, sagt sie. Sie sagt nicht, daß sie dazu zu
müde ist und nicht den Geistern begegnen will, obwohl sie
längst alte Bekannte sind.
»Ist so etwas vernünftig? Jemanden neben und über sich
zu haben, dem man sich so sehr ausliefert, daß man ihm
die verborgensten Schwächen zum Geschenk macht? Sich
rollenspielend weglebt und dabei immer näher kommt?

Wann beginnt so ein Zusammensein zu verbrennen, um nach der Abkühlung von wenigen Stunden, in denen man sich nicht sieht, neuerlich Flammen zu schlagen?«

»Du hast nach Vernunft gefragt? Mit Vernunft beginnt das Elend.«

Sie erheben sich vom Tisch. Der Cameriere begleitet die beiden mit etwas schläfrig gewordener Höflichkeit aus dem Lokal.

Schweigend fahren sie ins Hotel. Im Eingang findet er es wieder einmal unmöglich, ihre fixe Idee von getrennten Zimmern. Sie spricht nicht mehr, hilft ihm nur, seine Zimmernummer zu finden.

Dann fällt die Tür zu, er ist alleine. Er fühlt sich alt und dick vor Ausweglosigkeit. Die Socken gehen heute nacht besonders schwer über die Füße, und die Smokinghose ist nur mehr sitzend herunter zu bekommen. Der Versuch, das Badezimmer zu erreichen, endet mit einer strengen Kontrolle der Restbestände in der Minibar. Da gibt es noch etwas Gin.

In den letzten Jahren ist er immer mehr geneigt, sich gehen zu lassen, was sicher durch die viele Arbeit, sagt er sich zunächst einmal, bedingt ist ... Es hat keinen Sinn, es zu leugnen, vielleicht auch durch zuviel Alkohol. Und dann der Moment. Das Bett. Kein brutaler Weckruf morgens um vier Uhr früh. Maske, Garderobe, Besprechungen, Interviews, Drehen ... Nach Monaten: drehfrei und Drehschluß.

Es ist angenehm kühl, das Fenster ist offen. Es stimmt, er riecht trotzdem etwas nach Mann, und der Bart wird morgen die Gräue zeigen, die das Kopfhaar, welches Glück, noch nicht zeigt. Telefonieren müßte er noch. In Los Angeles ist es jetzt Nachmittag. Eine gute Zeit, um den Anwalt, den Agenten, den Sekretär zu erreichen. Noch rasch einen Schluck und dann weg, weg, weg. Schlafen, wenn es die zehn Gedanken, die gleichzeitig auf den Bandspielern laufen, überhaupt zulassen.

Da berührt ihn eine Hand. Weiß wie die Blüte eines Apfelbaumes. Klare Augen sehen ihn an. Augen wie von einer venezianischen Katze, die den ganzen Tag auf dem Dachsims gelegen ist und Licht gesammelt hat.

»Wie klar ist dir eigentlich, daß wir da nicht mehr rauskommen, aus diesem Spiel von Wahrheiten und Irrtümern, Wunsch- und Alpträumen, Liebe und Haß, diesen andauernden Verwechslungen von Gefühlen, Zerrspiegelbildern und Wachsfiguren?«

»Ganz klar ist das, daß wir da nie mehr rauskommen. Sprich nicht mehr.«

Burton wacht mit Benommenheit, Mattigkeit und bleiernem Kopf auf; und doch ist ihm bewußt, daß nichts, was in der Nacht geschehen, verschwunden ist. Daß diese blauschwarzen Fragespiele und Zweifel nur jetzt im argwöhnischen Sonnenlicht ihre Tagesgesichter zeigen.

Verschwunden ist nur die Taylor. Kein Hinweis, wohin sie abgereist sein könnte. Gegangen ist sie, bevor er aufgewacht ist. Am Spiegel des Badezimmers steht: »Ich möchte es dir ersparen, unsere Peinlichkeit zu sehen.«

Wie so oft hat er den Spiegel zerschlagen, bevor er beim Zimmerservice das Frühstück bestellt hat. Vielleicht ist es doch schwieriger zu sein als zu spielen.

Der Kaffee ist getrunken. Burton sitzt in einem Sessel und gibt vor, eine Zeitung zu lesen, und denkt an den Glanz, den die eine Seite der Medaille auf jeden Fall immer noch hat.

Die Taylor sitzt im Flugzeug: »Er hätte mitkommen wollen ..., wenn er gekonnt hätte. Er ist es, der mich verläßt, nicht ich ihn.«

Dann ärgert sie sich, daß sie ihren taubeneigroßen Brillanten im Hotelsafe vergessen hat.

Gespräch mit dem Produzenten

»Lesen kostet nichts!«

Ich habe ihn soweit! Der Produzent wird »in das Drehbuch schauen« – wie er es nennt. In Los Angeles kann man Drehbücher auf den Fußmatten vor den Haustüren liegen sehen. So werden sie abgegeben. Es ist noch nie eines so gestohlen worden. In dieser Stadt wird nichts gelesen, wenn es nichts kostet.

»Erzählen Sie mir die Geschichte in drei Sätzen – wenn Sie das nicht können, ist es ein schlechtes Buch.«

Manchmal geht das wirklich, aber natürlich nicht immer. Es gibt solche und solche Geschichten.

»Nur was sich in drei Sätzen erzählen läßt, wird ein guter Film. Was heißt gut! Ein erfolgreicher.«

»Eine Frau ...«

»Sind Sie wahnsinnig?«

»Moment, es gibt natürlich Gegenspieler, zwei Männer, die ...«

»Warum sagen Sie dann nicht ›Zwei Männer und eine Frau‹, klingt gleich besser. *Drei Männer und ein Baby* war ein Welterfolg. Also gut, was passiert?«

»Die Geschichte spielt auf einem Landgut in Italien ...«

»Keine Details, übrigens, wer soll diese Frau spielen? Es gibt da in New York ein herbes Fotomodell – wäre noch günstig zu haben, wird ein Weltstar. Man könnte ein Fünf-

Filme-Geschäft mit ihr abschließen. Nach dem dritten Erfolg können wir sie verkaufen. Da fällt mir ein, diese Tennisspielerin wäre auch gut. Weltbekannt. Acht Millionen Tennisspieler sehen sich den Film an, wenn sie sich auszieht, noch mehr. Jeder will wissen, wie die Tennisspielerin ohne Dress aussieht.«

»Ich habe an eine Schauspielerin gedacht!«

»An eine Schauspielerin??!«

Die Schauspielerin

Es war in den Sechzigerjahren. Freunde hatten mir ihre Wohnung anvertraut. Sie waren auf mehrere Jahre verreist. Ich suchte ein Atelier, und da war eines. Der größte Raum hatte eine Balkontür, aber keinen Balkon dahinter. Ein Einfall der ersten Fertighausmaurer. Der Blick ging auf einen Maulbeerbaum in einem Hinterhof und auf eine Dachterrasse in einem Gründerzeithaus.

Ich zog mit Staffelei, Malgründen, Filmkameras und einigen Kartons Wein ein.

Der Nachbar, ich erkärte ihn zum pensionierten Vorturner des Polizei-Sportvereins, überwachte meinen Einzug in der Wohnungstür stehend. Er reagierte auf das Klingen der Flaschen in der Schachtel.

»Rausch«, sagte er mit hochgezogenen Augenbrauen, »macht müde, schwach und zerfahren.«

Ich überlegte, ob seine Beschränktheit auf meine Phantasie stimulierend wirken könnte.

»Falsch«, sagte ich, »im Gegenteil, er sammelt die Gedanken.«

Attacke, dachte ich, sonst zieht der sofort mit ein und will

mit mir über Kunst reden. Oder belästigt meine neu organisierte Freiheit.

»Die Ewigkeit verbrennt zu einem Augenblick. Das
Große wird klein. Das Kleine wird groß. Und Sie, Herr
Nachbar, gibt es nicht mehr.« Er verschwand hinter seiner
Tür.

Malen war magische Laborarbeit unter ständiger Möglichkeit des Mißlingens. Die Malfläche füllt sich wie eine
Fotoplatte im Entwicklerbad. Die *Musicbox* in Ö 3 war gerade erfunden.

Über einen entsprechend aufgestellten Spiegel holte ich
mir das Tageslicht auf die Arbeitsfläche und einen Ausblick
auf die Dachterrasse, ohne von meiner Arbeit aufschauen
zu müssen.

Der Kopf ist voller Träume, aber der Widerstand des
Handwerks schnürt an dem Malschemel. Alle Bilder sind
längst fertig gedacht, aber der Weg durch das Material ist
mit Unfertigkeit vermint.

Im Spiegel erscheint ein Monolith. Eine menschliche
Figur in Bahnen weißen Textils gewickelt. Ich quetsche
Titanweiß auf die Palette. Ich bin gewohnt, meine Augen
zu benutzen, deshalb vertraue ich dem Spiegelbild. Die
Figur wickelt sich aus dem Stoff. Eine dampfende nackte
Frau, die sich unbeweglich von der untergehenden Sonne
und dem bereits aufgegangenen Mond trocknen läßt. Sie
blickt in meinen Spiegel. Später erscheint eine Figur in
Beamtenanzug, mit Schnurrbart und Hornbrille. Dann ein
Kapitän, dann eine Frau in kniehohen Lackstiefeln mit
kurzem schwarzen Kleid und einer schwarzen Brille.

Obwohl es dämmerig war und die Terrasse nur von dem
Licht der dazugehörigen Wohnung bestrahlt war, schauten
mir die Figuren ins Gesicht. Es war immer nur eine Per-

son zu sehen. Aus der Wohnung ertönte lautes Stimmen-
gewirr und Musik.

In welcher Zeitraffer-Geschichte befinde ich mich?

Ich wische mir die Farben von den Händen, trete an die
Balkontür ohne Balkon. Auf der Terrasse steht jetzt eine
Figur in Operationsmantel und Gesichtsmaske, hebt die
Hand zu einem starren Gruß. Ich bin überzeugt, es ist im-
mer dieselbe Frau in verschiedenen Kostümen. Ich gehe
aus und treffe mich mit anderen Malern.

Klassenlose Maler sind gesellig, haben aber eine dünne
Schutzschicht. Sie brauchen Lob und Lügen. Wenn sie
nicht genug von beidem bekommen, endet es in einem
Streit. An diesem Abend über eine Gruppenausstellung
und einen Gruppenkatalog.

Als ich nach Hause komme, höre ich aus der Wohnung
Geräusche. Noch niemand weiß, daß ich hier lebe. Ich
höre ein feines Atmen, wie von einem Kind, dem man zärtlich den Rücken kratzt. Glasklirren, Schritte und Flügelschläge. Ich betrete die Wohnung. Die Balkontür ist offen,
die Glasscheibe zerbrochen. Schmierflecken meiner eigenen Farben auf einer frischen Malfläche. Hier hat ein neu-
gieriges Kind nach mehr gesucht, als es für einen erwachsenen Einbrecher klar gewesen wäre, nichts zu finden.
Meine Malschuhe haben die Form eines Damenfußes an-
genommen. Die Situation ist zu sinnlich, als daß man die
Polizei einschalten sollte.

Ich blicke auf die Terrasse, die finster und leer ist. Der
Maulbeerbaum im Hof raschelt. Ich bin überzeugt, daß sie
es war, die in der Wohnung auf Besuch war.

Ich erreiche die Wohnungseigentümer in Palm Springs.
Sie leiden unter der Hitze. Ich teile ihnen mit, daß der
Heißwasserspeicher nicht funktioniert. Vorsichtig komme

ich auf das Gegenüber, die Terrasse und ihre Bewohnerin zu sprechen. Man weiß nichts, die Wohnung ist seit Jahren nur sporadisch bewohnt.

Ich gehe auf die Lauer, drehe alle Lichter ab. Ich schaukle zwischen Wach-Sein und Träumen. Ich war eingeschlafen, ein schriller, hoher Ton weckte mich. Ein dünnes Pfeifen. Ich sehe eine weiße Gestalt am Himmel. Sie schwebte mit ausgebreiteten Armen. Vom Hand- zum Fußgelenk, jeweils links und rechts den Körper entlang, ist eine Art Segel gespannt. Sie fliegt näher. Es ist die Frau von heute abend, die Terrassenbewohnerin. Die Flugsegel weiß, wie auch ihr Haar. Sie landet grazil auf ihrer Terrasse, das Segel faltet sich in einer fächerartigen Einfachheit, und sie verschwindet in der Wohnung.

Ich bin an die Grenze des Sehbaren geraten. Wenn man diese Grenze überschreitet, kann sich alles in Wahnsinn verwandeln. Minuten später kommt sie wieder in einem roten Abendkleid, eine Zigarette rauchend, auf die Terrasse.

Am nächsten Tag versorge ich mich mit Lebensmitteln für einen Monat. Ich beschließe, diesen Sommer die Wohnung nicht mehr zu verlassen. Die Malerei geht gut voran, so gut, daß ich meine, bei der Gruppenausstellung nicht mitzumachen und eine eigene zu planen.

Den Blick auf der Terrasse wollte ich nicht strapazieren. Obwohl ich eine Sucht spürte, die sich immer mehr einfraß. Nur ein- oder zweimal am Tag erlaubte ich mir eine Pause an der Balkontür. Meist war nichts zu sehen. Wenn es sehr heiß war, legte sich hin und wieder eine alte Frau in die Sonne. Ihr Gesicht schützte sie mit einem Hut, der so groß war, daß ich befürchtete, ein leichter Wind könnte sie in die Höhe ziehen.

Manchmal höre ich sie Texte aufsagen. Als würde jemand

ein Gedicht auswendig lernen. In der Nacht raucht sie manchmal auf der Terrasse eine Zigarette und blickt in den Himmel.

Wüßte ich mehr über sie, würde meine Sucht ihren Reiz und ihren Sinn verlieren. Ich beschließe, meine Beobachtungen zur absoluten Privatsache zu erklären, über die ich niemandem zu berichten brauche.

Diese in allen Einzelheiten wahre Geschichte fiel mir gestern wieder ein. Ich saß mit einer Schauspielerin in einer Bar. Der Grund, warum ich von dieser Episode, von der ich bis dahin natürlich niemandem erzählt hatte, zu sprechen begann, lag im Geräusch ihrer Schritte, als sie von einem Rundgang in den verschneiten Straßen in die Bar zurückkam. Eindeutig die gleichen Schritte wie damals hinter der Tür. Dazu ein feines Atmen, als würde einem Kind zärtlich der Rücken gekratzt.

Die Schauspielerin kannte die Geschichte offenbar. Erst schwieg sie, dann meinte sie, sie könne mir das erklären. In letzter Minute hielt ich ihr die Hand vor die Lippen. Es fielen mir die Zeilen von Borden Deal ein: »...ich wußte nur, daß der Mensch seine Fabelwesen, seine Mythen und Legenden braucht, um seine Ängste außerhalb von sich selbst zu objektivieren, um sie mit der Kühnheit und Zuversicht des Menschen bekämpfen zu können. Denn der Mensch ist von allen das seltsamste Tier.«

Gespräch mit Professor Sergius (Forts.)

»Du gehörst zu den Unerwachsenen, die sich auf eine Parkbank setzen müssen, die mit dem Warnschild ›Achtung, frisch gestrichen!‹ versehen ist. Weil du ausprobieren mußt, ob das stimmt. Das Rauhe ist für dich attraktiver als das Glatte«, sagte der Professor.

»Der Fernsehspielchef hat das trefflich bezeichnet: ›Der hat einen bösen Blick!‹«

»Schwachsinn! Das kann er nur sagen, weil er keinen mehr hat. Ich bestehe auf meiner Zärtlichkeit, auch wenn sie sich geheimnisvoll gibt.«

»Denk immer dran, daß beim gegenwärtigen Zustand unserer Gesellschaft der Patient recht hat und du schief liegst.«

»Bezeichnend! Das Schiefe ist dir wichtiger als das Gerade.«

»Die Magie des Schrotthaufens. Die Magie des Zweifels und des Alters. Die hellen Stellen in einem dunklen Leben. Die sonnige Dunkelheit. Der Schiffbruch im Leben eines Matrosen … und das Spiel muß ganz gespielt werden.«

»Das hat im Moment keine Heimat, schon gar nicht in Deutschland. Diese Heimatlosigkeit wird zur melancholischen Verzweiflung. ›Schöntrauer‹ wird das genannt. Und deshalb schaust du dich nach schöntrauernden Geschichten, Partnern und Schauspielern um.«

Al Pacino

An einem Sonntag morgen, viel zu zeitig in der Früh, in einem Hotelzimmer in New York. Ein Blick aus dem Fenster. Das strohgelbe, flache Sonnenlicht erfüllt die Straßen. Sonst ist da noch niemand. Unwillkürlich fällt einem die Melodie von Velvet Undergrounds »Sunday Morning« ein, oder man glaubt Kris Kristofferson zu sehen, wie er an einer Straßenecke eine Bierdose öffnet und »On a Sunday Morning Sidewalk« vor sich hinbrummt.

Mit dem Frühstück kommt die »New York Times«. Ein Artikel im Feuilleton: Im Theatre in a Circle spielt Al Pacino *The American Buffalo*.

Das will ich sehen. Stundenlanges Telefonieren. Unmöglich. Viele Wochen im voraus ausverkauft. Martin Scorsese schafft es. Ein Sessel wird auf die Spielfläche gestellt, als ob er ein Stück Ausstattung wäre. Das Spiel dauert drei Stunden. Pacino spricht in schwerstem Brooklyner Dialekt.

Der Jetlag holt mich ein, mir fallen für Minuten, vielleicht auch nur für Sekunden die Augen zu. Stille läßt mich hochfahren. Pacino steht mit einem Baseballschläger bewaffnet vor mir, starrt mich mit verwundertem Blick an. Nach der Vorstellung tobt er in der Direktion.

Philippe Léotard

Fünf Jahre später. Ich besetze den Hamburger Kriminalfilm *Der Joker*. Ein französischer Schauspieler geht mir seit langem nicht aus dem Kopf: Philippe Léotard. Ich weiß nicht mehr, in welchem Film ich ihn das erste Mal gesehen habe, nur an ein Bild erinnere ich mich: Er sitzt auf der Rampe eines Güterbahnhofs und spielt Saxophon.

Man läßt mir ausrichten, daß er zur Zeit in Paris Theater spielt: *The American Buffalo*. Ich soll in die Vorstellung kommen, nachher könnten wir reden. Ich bin etwas zu früh und warte auf der Straße. Eine Vogelscheuche geht langsam auf den Bühneneingang zu. Keine obligate Filmstarsonnenbrille und keine kalte Davidoff Nr. 1 zwischen den Zähnen, sondern eine Bierflasche in der Rocktasche und eine andere, geöffnet, in der Hand. Dieser Mann ist keine Papierblume oder teure Wachsfrucht.

Welch Unterschied zu anderen Schauspielern, die zwar auch aussehen wie aus Fleisch und Blut, aber eigentlich aus Plastilin sind. Es wäre unstattlich, die beiden – Pacino und Léotard – zu vergleichen.

Wieder fallen mir die Augen zu, weil Léotards Vorstadtdialekt für mich unverständlich ist. Als unvorhergesehenerweise das Licht auf der Bühne ausgeht, beginnt er dem panischen Publikum etwas über die Unzulänglichkeit der Theaterelektronik zu erzählen. Szenenapplaus.

Später, in der Closerie des Lilas am Montparnasse, informiert er mich mit unzähligen Beispielen über die belebende Wirkung von Cognac und Minze, kalt gerührt. Die Filmrolle gefällt ihm, von mir hat er via Cinémathèque gehört, in Hamburg war er noch nie, und Zeit hat er auch. Dann singt er mit einer mumifizierten ehemaligen Operndiva Chansons, bis sie der Morgenverkehr am Montparnasse aus dem Rhythmus bringt.

Zur Zusammenarbeit kommt es noch nicht. Léotard wird schwerkrank, noch dazu bei Dreharbeiten in Lateinamerika. Er ist nicht transportfähig.

Philippe Léotard wird im August 1941 in Nizza geboren. Im Alter von neun Jahren stellt man bei ihm eine Herzkrankheit fest, die ihn bis heute nicht verlassen hat. Seine Spielkameraden sind beweglich, bei Philippe heißt es: »Aufpassen, dein Herz, du sollst nicht laufen, keine Stufen steigen.«

Er kann nicht schlafen und lernt in der Nacht zu leben. Er bewegt sich in der finsteren Welt der Menschen, die fein hören, aber nicht gut sehen. Dafür denkt er Bilder, die man sich nur in der Dunkelheit zu träumen getraut. In solchen Nächten durchstöbert er die Bibliothek seines Vaters nach Büchern über das Meer. Er will Matrose werden. Matrosen haben etwas Unendliches in sich und einen Blick, den es bei Landmenschen nicht gibt. Er kommt an die Sorbonne, studiert, schreibt Pamphlete gegen die philosophischen Schwätzer. Lebt, wenn nicht auf der Straße, mit einer Prostituierten in einem Hotel in der Rue des Lombards. Er ist Lehrer. Er korrigiert die Arbeiten seiner Schüler auf den Stiegen sitzend, während die Freier seiner Frau kommen und gehen.

Er schreibt viel. Schreiben ist zunächst eine Füllfeder in der Hand und eine Schachtel Zigaretten und Streichhölzer daneben. Immer wichtiger wird ihm dabei nicht die Wahrheit, sondern der Irrtum.

Eines Tages trifft er Ariane Mnouchkine, wie sie vor der Universität für ihr gerade neu gegründetes Theater Plakate anbringt: Léotard ist von ihrer ehrgeizlosen Vision, das Théâtre du Soleil zu gründen, beeindruckt.

Er schreibt und bearbeitet für sie Texte. Doch sie drängt ihn, Schauspieler zu werden, woran er nie vorher gedacht hat. Ariane Mnouchkine: »Du wirst nie ein großer Schriftsteller werden, wenn du deine Lust, Schauspieler zu sein, nicht bewältigst.«

Während er an der Universität unterrichtet, entdeckt er, daß er mehr zu sich selbst spricht als zu seinen Schülern. Er wird Schauspieler. Das Publikum liebt ihn.

Bei dem Film *Exil Exil* verläßt er um vier Uhr in der Früh den Drehort. Er fühlt sich befreit, befreit von einer Landschaft, mit der er nicht zurechtkommt. Er gerät in eine Gruppe von Zigeunern, trinkt, macht Musik, zerschlägt Gläser, zertrümmert seine Hand.

Im Morgengrauen, an den Drehort zurückgeholt, schmeißt er den Film. Ende. Pause.

Die Produzenten beginnen sich vor ihm zu fürchten. Seine Exzesse werden immer häufiger. Die Pariser Gesellschaft drängt ihn, in eine psychiatrische Klinik zu gehen. Seine nächtlichen Gefährten, die Voyous, sind darüber aufgebracht.

Tagelang versäumt er den Zug, es ist ihm unmöglich, Paris zu verlassen. Eines Nachts steigt er dann doch in ein Taxi und sagt: »Zum Hôpital psychiatrique.«

Nach stundenlanger Fahrt korrigiert er sich: »Nein, zur Bar des Verhandelns.«

Der Taxifahrer: »Die gibt es nicht. Sie meinen die Bar des Handelns.«

Léotard bestellt einen Drink, Cognac mit Minze. Er erkennt sein Übergangsstadium, in dem er am glücklichsten ist. Ein zweites Glas darf er sich nicht mehr bestellen.

Der Taxifahrer sagt: »Komm, gehen wir.«

Irgendwie wird er aus der Klinik entlassen. Lebt ein Jahr ohne Arbeit, wie ein Clochard. Dann kommt ein Film, eine Aufgabe. Für die Rolle des Voyou in dem Film *La Balance*, mit Natalie Baye, erhält er den größten französischen Filmpreis, den César.

Er wird von aller Welt geschätzt. Wieder ein Jahr keine Arbeit.

Eines Nachts klopft er, völlig am Ende, an die Tür des feinen Restaurants Le Club. Ein kleiner, dicker Mann wie aus einem Marmeladentopf öffnet.

Léotard: »Monsieur, hier bin ich. Ich habe nichts mehr. Ich bin schlecht gekleidet, ich bin gerade dabei zu sterben, will aber hier hinein. Ich werde nichts bezahlen, weil ich keinen einzigen Centime mehr besitze, und das wird auch so bleiben.«

Der Marmeladendicke antwortet kurz und schnell: »Monsieur Léotard, möchten Sie einen Platz an der Bar oder lieber einen Tisch?«

Léotard bleibt ein Jahr, ohne zu bezahlen. Ihm wurde in dem Moment die Tür geöffnet, als er den Finger am Abzug hatte. In diesem Jahr schreibt er alle Sätze, die man nur in solchen dunklen Nächten in sich selbst hören kann, in ein kleines Heftchen. In seiner Wohnung steht ein Kasten, er nennt ihn »mein kleines grünes Zimmer«. In diesem Kasten sind Fotos von Coluche, Luc Monheim, seinem Vater, seinem Großvater, seiner Mutter, der Tochter Laetizia, seinem Sohn Frédéric, Louis-Ferdinand Céline und François Truffaut mit Reißnägeln festgemacht. Wenn es ihm ganz elend geht, öffnet er die Tür, steckt sein Gesicht in den Kasten, so kann er weinen, ohne daß ihn jemand sieht, und so gewinnt er Kraft: »Kinder, laßt mich nicht fallen.«

»Himmel unter Steinen«

1989. Ich arbeite an dem Film *Himmel unter Steinen*. Ein atmosphärischer Bericht über Gavre Princip, der 1914 in Sarajewo Franz Ferdinand erschossen hat. Gavre Princip ist zu jung, um für seine Tat gehenkt zu werden. Er wird in die Festung Theresienstadt gebracht, mit dem Konzept seiner Richter, ihn dort verfaulen zu lassen.

Ein tschechischer Arzt, Dr. Levin, selbst zum Tode verurteilt, wird sein Freund. Er versorgt ihn mit winzigen Schokoladestückchen, amputiert seinen von Knochentuberkulose zerfressenen Arm, um sein Leben zu verlängern.

Diese Schicksalsfigur will ich unbedingt mit Philippe Léotard besetzen. Er ist nicht schwer zu finden. Nach einigen Stunden am Montparnasse, in den Lokalen, wo bis zum Morgengrauen musiziert wird, treffe ich ihn. Er sitzt am Klavier und spielt Eric Satie.

Den rechten Fuß nach innen verrenkt und die Nase wenige Zentimeter über den Tasten. Wieder eine Vogelscheuche, die im eigenen Saft ihrer Poesie schmort. Töne und Sünden. Sünden und Töne, als ob er seinen ewigen bösen Traum träumt. Ich muß ihm stundenlang von Gavre Princip und Dr. Levin erzählen, von dieser Begegnung zweier Außenseiter. Er hört zu und versteht. Das Drehbuch möchte er nicht lesen, was kann da noch drinnen stehen, was ich ihm nicht schon erzählt habe? Steine strotzen vor Geschichte, aber um sie zu verstehen, muß man sie behauen, verlegen, schleppen, aber auf jeden Fall liebhaben. Sonst ist die Vorstellung, daß sie einen einmal bedecken, unerträglich.

Während unseres Gesprächs kein Wort über Kunst. Gott sei Dank.

Üblicherweise, wenn diese Gähner und Wichser mit gut bezahlten Ämtern und Anstellungen über Kunst stammeln, greife ich sowieso zum Revolver. Philippe Léotard wird am 17. September in Zagreb sein, um die Rolle zu spielen.

»Ich kann nur jemanden spielen, den ich lieben kann.«

Dann wieder am Klavier – er spielt Nino Rota aus *La nave va*. Seine Nase spielt jetzt fast mit, und der Schweiß, der von seiner Stirn auf die Hände tropft, scheint die Finger ölen zu wollen, auf daß sie nie mehr aufhören, über die Tasten zu tanzen.

Am nächsten Tag spreche ich mit seiner Agentin. Sie schaut mich an wie ein Geist, raucht die zehnte Zigarette in den drei Minuten, seitdem ich den Raum betreten habe, und sagt: »Wenn Ihnen das gelingt …!?!«

Das Flugzeug aus Paris landet pünktlich am 17. September in Zagreb. Der Produktionsfahrer ist gestellt. Léotard ist nicht auf der Maschine. Er wird gesucht. Die Hysterie der Organisatoren blockiert die Telefonleitungen.

Die kettenrauchende Agentin kennt das Problem: »Angst!« Zu Hause ist er nicht. Er sitzt wahrscheinlich mit Freunden in irgendeinem Lokal, irgendwo versteckt und hört Bossa Nova. An einem dieser Orte, wo man sich neuen Giften und Bedrohungen aussetzt, wenn die eigenen Probleme keine Herausforderungen darstellen. Ich tue so, als wäre ich genauso aufgeregt wie die Produktion. In Wirklichkeit lächle ich.

Bekomme nicht auch ich nach mehr als sechzig szenischen Filmen noch immer Fieberblasen vor dem ersten Drehtag? Er hat schwere Monologe. Er bekommt die schwarze Kappe über den Kopf kurz vor dem Hängen.

Ein von ihm noch nie bereistes Land. Ein fremdes Team. Kein Cognac mit Minze, kein Klavier. Sich vor Fremden entblößen, in einem Prozeß, bei dem die Seele gestohlen wird, egal wie locker oder wie fest sie in diesem Augenblick sitzt.

Am nächsten Tag wird er gefunden. Nach einer durchwachten Nacht denkt er an die Geschichte von Gavre Princip, und das Gefühl zu enttäuschen, hat ihn beschämt.

Das Flugzeug landet, und er ist an Bord. Aber nicht in Zagreb, wo wir drehen und ein Hundert-Mann-Team auf ihn wartet, sondern in Zürich. Leicht zu verwechseln.

Es vergeht wieder ein Tag, und er steht im Studio der Ja-

dran Film. Er will sich rechtfertigen, ich will ihn umarmen.
Seine Finger bohren sich in meinen Oberarm, er flüstert:
»J'ai peur.«
Ich antworte: »Ich weiß, ich kenne diese Angst.«
Dann die erste Klappe.
Eingewickelt in einen Kreis von Hitze und Helligkeit, der
einen von allem trennt, auch von Vergangenheit und Zu-
kunft, gibt er diesem verlorenen Dr. Levin Leben.

Nach dem Mittagessen

Die zwei schlimmsten Sachen, die einem Menschen passieren können, sind erstens: seine Träume nicht zu verwirklichen – und zweitens: seine Träume zu verwirklichen.
Dieser dionysische Zwerg, der mir gleichzeitig Moral und
Begierde einzuflüstern versucht, ist von meiner Schulter
gesprungen.
Das Telefon läutet wieder. Eigentlich habe ich mich gerade
mit der Idee angefreundet, keinen Film mehr zu drehen.
Einer sagt, er findet meine Geschichte unmöglich. Einem
anderen ist sie ein Flugticket nach München wert. Das war
es dann auch. Ein Dritter fragt, warum ich mich so expo-
niere. Dieses Projekt schlägt die restlichen offenen oder
noch angelehnten Türen zu. Es wird mir immer deutlicher,
wie gut mein Drehbuch ist.

Gespräch mit dem Produzenten (Forts.)

»Das werden Sie nie machen können!«
»Was heißt das? Mit Ihnen nicht. Ich brauche keine Grup-

penveranstaltung, keinen Gleichklang der Redakteure, keine Gesangsklasse, die ›Bravo, bravo!‹ schmettert. Ich brauche nur einen, der, von der Geschichte getroffen, wie ein Schlafwandler reagiert.«

Das Telefon. Eine Einladung zu Filmfestspielen. Ich werde Bücher mitnehmen, mich in die Sonne legen und lesen. Warum soll ich nicht fahren? Ich lese gerne in der Sonne.

Taxi zum Flughafen

Ich muß wach bleiben, zu etwas anderem bin ich zu müde. Es ist vier Uhr früh, um 7.05 Uhr startet das Flugzeug. Ich muß wach bleiben. Nicht, weil ich etwa ein Schriftstück zu erledigen habe oder weil der Koffer noch nicht eingeräumt ist, sondern weil ich dieses imaginäre Buch nicht zuschlagen kann, in dem ich schon so lange blättere. Ich kenne auch die Stelle nicht so genau, die ich suche, aber das Geräusch des langsamen Umblätterns wirkt wie eine Droge.

Die Taxifahrt zum Flughafen? Wie immer. Eine Flußüberquerung im frühesten Morgenlicht. Die Straßen leer. Der Fahrer und ich rauchen synchron. Das ist unsere Unterhaltung.

Ein Blick in die Zeitung, die im Auto liegt: Wiener Presse, 28. September 1990, Seite 11: »Thomas Gottschalk, deutscher Showmaster-Star, und Jörg Haider, freiheitlicher österreichischer Nicht-Spitzen-aber-Kanzlerkandidat, sind Du-Freunde.« Darüber zwei Fotos: Gottschalk mit Perfektgebißlächeln, Haider mit Starrkrampf in den Mundwinkeln. Ein fesches Freundespaar, denke ich. Gottschalk verrät, »daß sie zusammen Weihnachten verbringen werden«. Da wird sich doch nicht die deutsche Unterhaltung und die Lüge von der österreichischen Nation…

»Die beiden sind Schwuchteln, ob sie es wissen oder nicht, ob sie es glauben oder nicht«, erklärt der Taxilenker. »So einfach ist das.«

Von da weg, bis ich im Flugzeug sitze: Gedächtnislücke. Ist fast immer so. Ich sitze alleine, das ist der Vorteil des letzten Kettenrauchers. Die Tragflächen schimmern rötlichsilbern, so wie der Himmel. Dicke und aufgeregte Einsatzfahrzeuge, die für mich ziemlich konzeptlos im Kreis fahren, setzen mit ihren blinkenden Warnlichtern dem Flugzeug gelbe und blaue Lichttupfen auf.

Fliegendes Personal

Das Lächeln der Stewardess ist von einer so traurigen Routine, daß ich sie, wenn ich könnte, heimschicken würde, um das Unglück aufzuklären, das sie offenbar in ihrem Bett zurückgelassen hat.

Es folgt der Versuch, in jenen Schlummerzustand einzutauchen, der einen gerade genug beobachten läßt, ohne bei irgend etwas dabeizusein. Diese Bootsfahrt in einem unentdeckten Flußdelta, wo sich Wahrnehmungen und Phantasien verzweigen. Hinein in den Dschungel von Möglichkeiten, und wenn es zuviel wird, Augen auf: Hier ist die Wirklichkeit des Luftschiffes.

Der Kapitän weckt mich auf: »Wir sind jetzt über Linz, rechts sehen Sie sehr schön den Großglockner.«

Ich riskiere einen Blick. Das Licht, das den Gletscher trifft, fährt mir wie Nadeln in die Augen. Selbst schuld! Bin ich Alpinist oder Landvermesser?

Der Kapitän: »Links unter uns die drei Zinnen.«

Die laß ich aus. Das Flugzeug kratzt unentschlossen mit dem Bauch an der Wolkendecke. Den Piloten scheint dieses Spiel vom Hinauf und Hinunter zu kitzeln.

Junge, da mußt du durch, denke ich. Ich denke das nur, weil ich ja schließlich selbst Pilot war. 1963, Fliegerhorst Langenlebarn. »Beaver-L19. Leichte Transportstaffel«, hieß der von den Amis zurückgelassene Haufen lädierter Nacktfalter. Aber heute habe ich damit eigentlich nichts mehr zu tun. Das ist dein Job.

Der Bus zum Flughafengebäude ist voller Frauen. Müssen alle Nichtraucherinnen sein, sonst wären sie mir schon im Flugzeug aufgefallen. Nach Mailand fliegen offensichtlich junge Fotomodelle, die Kleider an- und ausziehen müssen, und gepflegte Damen, die sie kaufen und besitzen dürfen. Die Farben der Herbstmode gefallen mir. Sie erinnern an die Wälder in Vermont. Wenn man alle diese schönen Frauen nach Neu-England bringt, würden sie im Indian Summer verschwinden, unauffindbar sein, so gut getarnt.

Pisa

Während der drei Stunden Wartezeit, um nach Pisa weitergeflogen zu werden, beobachte ich einen jungen Mann. Ich habe ihn schon einmal bei »Schumann's« in München gesehen. Ich glaube, er ist im Vorstand einer Bank. Er trägt einen blauen Anzug mit einem sehr gelben Stecktuch. Drei Stunden spricht er – aus einem Berg sehr gelber Zettel lesend – in ein Diktaphon. Kurz vor dem Abflug stellt er fest, daß sein Gerät nichts aufgenommen hat. Er starrt mit wässrigen Spanielaugen auf die Batterien in seiner

Hand. Dann entdeckt er mein Lächeln. Vorausgesetzt, ich hätte einen Revolver dabei und er wüßte das, ich bin sicher, er würde mich anflehen, ihn zu erschießen. An Bord habe ich ihn nicht mehr gesehen. Der gehört zu den neudeutschen Typen, die nicht mit leeren Batterien fliegen.

Ich habe nicht geträumt. Neben der Landstraße, die von Pisa nach Viareggio führt, stehen regungslos nackte Frauen. Selbstinszenierungen transsexueller Provokationen: sonnengelbe Perücken, schwere, überreife Melonenbrüste mit knallroten Erdbeeren, silbernes Kunstschamhaar, das den lauernden Pimmel versteckt. Die abgestellten Autos mit eingeschlagenen Scheinwerfern und zerdrückten Kofferräumen sind Warnung vor Auffahrunfallgefahr genug.

Viareggio

Ich komme mit dem Taxi im Hotel Principe in Viareggio an. Am Tag schlafe ich wie ein Prinz. Wenn der Mond scheint, geht es nicht.

Um neun bin ich in der Bar, ein großes, leeres Zimmer. In einem noch größeren, leeren Raum daneben tönt das Fernsehgerät. In der dunkelsten Ecke sitzt eine Frau, der einzige Gast. Ich kann nicht gleich sagen, ob sie lebt. Sie ist das Zentrum einer magischen Einsamkeit, aber auch das von vielen unsichtbaren Partnern, die sie beschäftigt. Und die sich beschäftigen lassen, wie ein Filmteam, das um seinen Star besorgt ist.

Wieder im Hotelzimmer. Blick auf das Meer selbstverständlich. Sichelmond, nicht so gut. Es überrascht mich eine Flasche Sassicaia 1982. (Die wenigen Flaschen der persönlichen Sammlung des erst vor kurzem verstorbenen Mario Incisa della Rocchetta mit der Benennung »Vino Diverso della Sassicaia« erfreuen sich höchster Wertschätzung. Die organoleptischen Prüfer meinen: Farbe granatrot, gut angezogen, leuchtend; Duft, dichtes Bukett, zurückhaltend, öffnet sich zögernd. Von ungewöhnlich störrischer Eleganz!) Hat den nicht auch der Chauffeur in der Via della croce getrunken?

Ein Willkommensgruß der Frau von Trotta, die hier »Eastern Europe Woman Directors« präsentiert. Oder der Direktor des Festivals, Felice Laudatio, ist Parapsychologe. Wieso weiß jemand, welches mein Lieblingswein ist? Keine Karte?

Doch, ein Kuvert, ein Zettel. Ein Vierzeiler mit runden Buchstaben und Tinte geschrieben:

»Des Morgens nüchterner Abschied, eine Frau
Kühl zwischen Tür und Angel, kühl gesehn.
Da sah ich: eine Strähn in ihrem Haar war grau
Ich konnt mich nicht entschließen mehr zu gehn.«

Ich trinke den Wein und versuche, mich mit dem Mond zu beschäftigen. Durch Hinstarren herauszufinden, ob er ab- oder zunimmt. Über das Gedicht möchte ich erst nachdenken, wenn ich kalt geduscht habe, mir alle Briefe und Botschaften weggebadet und mich mit meinem schlaflosen Schlaf verabredet habe.

Nur die restlichen zwölf Stunden war Sonnenschein. Es war auch der Tag der Eröffnung. Die Stars kamen mit einem historischen Zug aus Florenz. Nastassja Kinski war als Schaffner verkleidet. Der schielende Bertolucci-Produzent Jeremy Thomas als Maschinist.

Festival (1)

Vittorio Gassman überragt sie alle. Dafür hat Giancarlo
Giannini die liebsten Augen. Bertolucci wird in der Hüfte
immer breiter und sein Lächeln immer priesterlicher. Die
Regisseurin des Eröffnungsfilms, Cristina Comencini, hat
den gierigen Blick einer Dame, die in wenigen Tagen die
Filmbranche weltweit beherrschen möchte. Ihre Hauptdarstellerin Delphine Forest hat Schamhaare wie zartes
Moos und ein kleines Unglück in den Augenwinkeln. Nastassja Kinski bekommt den meisten Applaus und demon-
striert damit die Macht der illustrierten Hausfrauenpresse.
Der Großproduzent Mario Cecchi Gori bewegt sich wie
ein Bär und zeigt jedem, wie egal ihm alles ist. Den Eh-
renpreis, eine Keramik von Federico Fellini, läßt er bei der
Übernahme fallen und klaubt die Scherben bedächtig, vor
laufenden Kameras, auf. Die deutsche Kritikerin Frauke
Hanck vertritt die deutsche Presse, liest die italienische
und macht sich daraus Notizen.

Der Vierzeiler von gestern nacht bleibt mir länger im Kopf
als die Flasche Sassiscaia. Ich bringe die Verse mit der
Frau aus der Bar in Verbindung, obwohl es dafür keinen
Hinweis gibt. Beim Eröffnungsrummel habe ich sie nicht
gesehen. Manchmal aber geglaubt, es wäre die Darstellerin aus *I Divertimenti della vita privata*, deren Qualität,
wie erwähnt, in der Vollkommenheit ihres Triangulum per-
fectum liegt.

In dem italienischen Film *La settimana della Sfinge*
spielt eine blonde Italienerin, Margherita Buy. Sie ist die
Kellnerin in einem vergessenen Restaurant am Apennin
und sie verliebt sich in einen Typen, der die Satelliten-
antenne installiert. Er reist ab, sie reist ihm nach. Sucht

ihn und seine Gegenliebe vergeblich. Ein Sommerfilmchen, könnte auch am Wörthersee spielen. Die Schauspielerin Margherita Buy ist großartig. Sie läßt sich ins Gesicht schauen, noch mehr, sie verrät alles. Ihre Augen sind große, blankgeputzte Fenster mit der Aussicht auf einen mondlichtglitzernden Laubwald. Die Blätter zittern im Wind wie der Puls einer frisch und frei Gefickten. Sie hat gerade den Schauspielerpreis in San Sebastian gewonnen. Die Nachricht kommt nach der Vorführung. Sie weint.

Spät in der Nacht sitzt sie in meiner Bar. Sie hat dunkle Augen, dunkles Haar und ein schwarzes Kostüm mit Indianerfransen an. Sie muß die Frau von vorgestern nacht sein. Ich werde zu ihr gehen und ihr sagen, daß ich ihr Geheimnis weiß. Ich trinke nur rasch die Flasche leer. Ein sizilianischer Weißwein: »Donna Fugata«. (Hat den nicht auch Sophia in Venedig getrunken?) So heißt doch das Sommerhaus in Giuseppe Tomasis Roman *Il Gattopardo*. Visconti ist dort schon in Decken eingewickelt im Regie-Sessel gesessen. Und Lancaster hat ihn so geil gemacht, daß er fast erstickt wäre.

Ich rutsche vom Barhocker in Richtung Frau. Sie ist inzwischen gegangen. »Donna Fugata«. Ich habe es versäumt. Schlechtes Timing heißt das in der Filmsprache.

Ich habe das Foto von meiner Familie in den Hotelkasten gesperrt. Jetzt stehen sieben Zeilen darauf. Mit runden Buchstaben und Tinte:

»Stumm nahm ich ihre Brust, und als sie fragte,
Warum ich Nachtgast nach Verlauf der Nacht
Nicht gehen wolle, denn so war's gedacht,
Sah ich sie unumwunden an und sagte:

Ist's nur noch eine Nacht, will ich noch bleiben,
Doch nütze deine Zeit; das ist das Schlimme,
Daß du so zwischen Tür und Angel stehst.«
Was ist das für ein Herzschlag-Puzzle? Ein Blick aus dem
Fenster. Der Mond hat mich belogen. Er ist voll, rund und
weiß wie der Arsch einer Bibliothekarin. Gute Nacht,
Mond!
Diese vielen Filme, fremde Träume. Ich bekomme Ge-
schmack an meinem eigenen Traum. Eine Geschichte von
Sehnsucht müßte es sein. Später im Morgengrauen de-
maskiert sich die Sehnsucht als reine Wollust.
Die elfenbeinhäutige italienische Schauspielerin Nancy
Brilli küßt mich links, rechts, Mitte und noch einmal Mitte,
steckt mir die Zunge in den Mund und beknabbert mich
wie einen Lollypop. Dann geht sie weiter und läßt mich mit
dem Geschmack der italienischen Antirauchbelagzahn-
pasta »Il capitano« zurück.
Ich bin erstaunt, daß ich nicht erstaunter bin. Und diesen
Erste-Hilfe-Akt, fünfundvierzig Jahre zurückfallend, nur
mit Babygenußgeräuschen erwidern kann.

Festival (2)

Ich muß ins Hotelzimmer zurück. Ohne Sonnenbrille
finde ich nicht über die Straße.
Es läutet das Telefon: »Peter ...«
»Si«, sage ich. Ich kenne die Regeln der internationalen
Filmgesellschaft. Antworte nie in der Sprache, in der du
angesprochen wirst.
»Können wir uns sehen?«
»Um elf in der Bar?«

»Certo, certo.« (Klick.)

Ich schlucke zwei Aspirin und gehe ins Kino. Ein ungarischer Film: *Diary for My Father and My Mother*. Budapest im Oktober 1956. Der Film berührt mich. Der nächste, *Isolde* aus Dänemark, langweilt mich. Jurykost, wahrscheinlich.

Die Brille fällt vom Eisentischchen der Cafeteria. Ich greife danach, doch ein Männerschuh kommt mir zuvor. Den Scherbenhaufen kann ich gleich liegenlassen. Schwenk hinauf. Der Mann entschuldigt sich mit leiser Stimme. Ich möchte ihm alle Brillen, die ich jemandem in diesem Beisel wegnehmen kann, vor die Füße streuen: Gian Maria Volonté.

Ich habe die Verabredung um elf Uhr einfach vergessen. Wie ich ins Hotel zurückgekommen bin, weiß ich nicht mehr. Wie früh, wie spät es war, wie viele Flaschen Wein, Grappa, Fernet wir getrunken haben, ich weiß es nicht mehr. Ich habe alle Volonté-Filme gesehen, selbst die, die er seiner Meinung nach noch gar nicht gedreht hat. Sein Blick ist sanft und aggressiv zugleich. Seine Argumente besänftigen und machen wild. Wie überlebt dieser Mann, nach einem Lungenkrebs eine Zigarette nach der anderen rauchend? Ein langer Selbstmord und der Alkohol sind das langsam wirkende Gift dazu.

Es ging um einen Künstlerstreik, weil irgendein Ministerium die Filmgelder reduzieren will. Ich unterschreibe diese Liste, ich hätte sogar eine Erklärung unterschrieben, daß es keinen Mond gibt. Und das heißt etwas für einen Süchtigen.

Ich liege in Schweiß gebadet. Mein Kopf schmerzt. Ich klingle nach dem Zimmermädchen.

Sie zieht die Vorhänge zurück.

Das Licht trifft prasselnd auf die Iris. »Schön errötende Aurora, wo ist meine schwarze Brille?«

»Bleib ruhig, Volonté hat sie zertreten.«

Jetzt ist sie goldblond, gleich danach rabenschwarz. Sind diese Verfärbungen eine Augenkrankheit? Oder sind sie Einheiten der Begierde, immer das Gegenteil haben zu wollen von dem, was man hat?

Wer ist diese dunkle Dame? Muse oder Hexe. Sie wischt mir den Schweiß von der Stirne. Der Geruch nach Frau ist stärker als der Geruch nach Zimmermädchen und Krankenschwester.

»Ich habe ab elf Uhr in der Bar gewartet«, sagt sie. Sie könnte den Steuermann täuschen, denke ich.

Festival (3)

Ich beschließe, einige Stunden gesund zu werden. Inzwischen ist auch mein Produzent angereist. Er weiß bereits nach Sekunden seines Aufenthalts, daß die ersten Trüffel-Lieferungen aus dem Piemont im Restaurant Il Patriarch angelangt sind, und daß das Festival ein Defizit sein muß.

Die römische Schauspielerin Alessandra Casella hat so viele Sommersprossen, daß ich mir vorstellen kann, sofort wieder krank zu werden. Rettend ertönt das Lied »I'm a Joker, I'm a Smoker, I'm a Midnight Talker« von der Steve Miller Band aus der Musicbox der Cafeteria.

Während der Vorführung meines Filmes *Gavre Princip – Himmel unter Steinen* gehe ich vom Cinema Odeon zurück zum Centro Congressi. Ich spaziere mit dem österreichischen Filmkritiker Bernhard Praschl den Strand entlang und beobachte den Sonnenuntergang. Der Himmel hat Farbtöne, rosablau, so wie wenn Egon Schiele die Haut seiner geliebten Hure Wally malt. Viele andere stehen auch herum und betrachten dieses Bild. Ich bin unentschlossen, ob ich die Romantiker ins Kino oder die Juroren und Kritiker aus dem Kino jagen soll.

Die Schauspielerin und Wim-Wenders-Dame Solveig Dommartin sitzt in der Jury. Sie ist temperamentvoll und ausgesprochen direkt. Ihre Stimme klingt wie das Geräusch einer Bierdose, über den Asphalt gestoßen. Ich kann sie mir nicht neben dem faden Wim vorstellen. Vielleicht starrt er sie nur durch die Arthur-Miller-Brille an und überlegt sich Kamerafahrten.

Wim und die Mode, André Heller und der Indische Zirkus. Wäre ein interessantes Duo. Solveig hat für *Gavre Princip* gestimmt. Aber Franco Brusatti wollte sich lieber neben Michel Serrault in *Docteur Petiot* als neben meinem kleinen Reuben Pillsbury und Christopher Chaplin fotografieren lassen. Die Preise bekamen, wie bei allen Festivals, Fernsehfilme aus Polen, Ungarn und der CSFR. Dieser Einfallsreichtum seit Red Christmas wird langsam peinlich. Bei der Schluß-Gala wird Ennio Morricone beklatscht, er schaut durch seine vielen Dioptrien ins Publikum, und es ist ihm sichtlich egal, ob er hier oder in seinem Bett im Palazzo auf der Piazza di Venezia im Rom ist. Brusatti marschiert so overdressed einher wie Eddie Murphy in *Coming to America*. Massimo Ghini, der Partner von Peter Maffay in *Der Joker*, ist ein Star geworden. Er hat geölteres und gefärbteres Haar als Melvin Douglas in *Ninotchka*. Der englische Komponist Peter Martin wackelt ununterbrochen mit dem Kopf, und dennoch findet er keinen Rhythmus. Franco Nero sieht hauptsächlich die Blitzlichter, der Drehbuchwunderheiler Gérard Brache, dem eine Aufführungsreihe *Writing for the Screen* gewidmet ist, schwänzt aus verständlichen Gründen.

Am nächsten Tag ist die Stadt eine andere. Innerhalb von wenigen Stunden hat sie sich für den Winterschlaf vorbereitet. Fensterläden zu. Rollbalken runter. Am Morgen noch ein Schimmer gelben Lichts, dann Gräue und Regen. Wie Mäuse in die Arche Noah springen ein paar Verspätete in die Hotelhallen, in denen nurmehr Kerzen brennen.

Weinernte

Ich nehme mir ein Leihauto und fahre in die Berge, wo ich jetzt mit diesem Maler aus Tarquinia die *capanna* als Atelier teile. In 600 Meter Höhe ziehen die Wolken mit 40 Stundenkilometern vorbei. Es ist kalt, und ich kann mich nicht entschließen, die Farben und Pinsel auszupacken und zu malen.

Am nächsten Tag babyblauer Himmel mit kleinen weißen Wolken. Das ganze sieht aus wie das aufgespannte Kleid der Nadja Tiller in dem Film *Das Mädchen Rosemarie*.

Eine Frauenstimme singt »Ti voglio tanto bene«. Ich beobachte eine junge Bäuerin bei der Weinernte. Sie hat rotes Haar und ein rundes Gesicht mit grünen Augen. Sie zwickt die San-Giovese-Trauben in einen Plastikkübel. Mittags hat sie sich auf die Steinmauer der Scheune gelegt und schläft, auf dem Bauch liegend. Sie hat eine feste Figur, die sich von den Schauspielerbeinen unterscheidet. Der verrutschte Rock zeigt Waden, wie sie Rembrandt von seiner Geliebten »Hendrickje badend« gemalt hat. Auf der

Haut Härchen wie Entenflaum, die die Windrichtung anzeigen. Die Mittagssonne wärmt ihren Arsch, der manchmal zuckt.

Am Abend kommt sie lächelnd ins Atelier, beobachtet die Struktur und Farben meiner Bilder.

»Come la terra«, sagt sie und lacht.

»Si, come la terra«, sage ich. »Ma dietro ce il cielo.«

Zurück in Wien

In Wien ist es inzwischen Herbst geworden. Aus der Zeitung entnehme ich, daß mein Film *Lex Minister* noch immer im Kino läuft. Vom Taxifahrer bekomme ich weiteres über österreichischen Fremdenhaß geliefert.

Ich spiegle mich in den Augen meiner Frau. Wenn sie lächelt, lache ich mit ihr.

Meine Kinder sind schön. Der Elfjährige braucht dringend ein T-Shirt von der Gruppe »Guns N' Roses« und eine CD von »Public Enemy«. Das Lied »Welcome to the Terradome« kann er auswendig. Der Siebenjährige hält mehr von »Appetite for Destruction«.

Meine siebzehn- und neunzehnjährigen Neffen Sebastian und Boris, die gerade meinen Kasten nach aufgerissenen Jeans und alten Hemden durchstöbern, singen: »She broke my heart, so I ripped hers out«.

Ich gehe in das Gartenhaus, dorthin, wo meine Bilder entstehen, öffne das Fenster … der Mond liegt als unentschlossene Sichel auf der Lauer, und dennoch ist um ihn ein Kreis, wie mit Silberstaub in den Himmel tätowiert. Er sagt: »Verrate dieses Geheimnis nie: Kein Anfang, kein Ende.«

»Lüg mich nicht an, Mond! Sonst hol ich dich heute nacht vom Himmel und freß dich auf.«

»Und laß uns die Gespräche rascher treiben,
Denn wir vergaßen ganz, daß du vergehst.
Und es verschlug Begierde mir die Stimme.«

Jetzt kenne ich das Buch und auch die Stelle: *Entdeckung an einer jungen Frau.*

Ich fange langsam an zu blättern, das Geräusch des Umblätterns wirkt wie eine Droge. Ich werde meinen Film vorbereiten und mein Team zusammensuchen.

Im vergangenen Jahr hat es sich in alle Welt zerstreut. Sie haben sich gehörig verabschiedet.

»Wenn du nichts machst ... Wir können nicht so lange warten ... Gut, wir sind jetzt mehr als fünfzehn Jahre bei dir, aber da hast du auch etwas gebracht! Wir waren voll beschäftigt! Aber jetzt?«

Ich habe mein Team sehr gerne. Es hat einige Jahre gedauert, bis ich es zusammen hatte. Wir brauchen nichts Praktisches, nichts Technisches zu besprechen. Diese Dinge sind längst klar und daher langweilig. Wir haben Zeit für die »Hintergründe« – so wie Spezialisten in der Kunstbetrachtung. Die Figuren im Vordergrund eines Gemäldes sind klar. Tausendmal beschrieben und analysiert. Wir haben Zeit, uns um die Dinge zu kümmern, die man nur sieht, wenn man ganz nah an ein Bild herantritt.

Aber warten konnten sie nicht. Einer erfüllt sich gerade den Traum einer Los-Angeles-Karriere. Der Tonmeister ist in Pension gegangen. Der Ausstatter ist Professor geworden. Die Kostümbildnerin ist mit einem jugendlichen Inder in dessen Heimat unterwegs. Die Schnittmeisterin leidet bei einer Fernsehserie, dessen Star ein Sommerhotel ist.

Ein anderer Tag

Ich notiere eine Botschaft und schreibe sie an die verstreuten Adressen. Vielleicht höre ich etwas von ihnen.

Unter der Friedensbrücke

Ende der Fünfzigerjahre in Wien. Meine Eltern lebten auf der Insel Brigittenau, zwischen Donau und Donaukanal, jenem russisch kontrollierten Zwanzigsten Wiener Gemeindebezirk.

Wollte einer von unserer Schülerbande entkommen, den feinen, französisch beherrschten Neunten Bezirk besuchen, mußte er an der Unterseite der Friedensbrücke in die Brückenkonstruktion kriechen, sich hängend am Metallgestrebe hangelnd übersetzen. Oben auf der Brücke hinüberspazieren galt nicht.

Das Balancieren auf den dünnen Reparaturstegen war gefährlich, das war ja auch die Herausforderung. Einmal ist einer der vierzehnjährigen Knöpfe abgestürzt, konnte sich aber schwimmend in die Brigittenau zurückretten.

In der Gußeisenkonstruktion gab es geheimnisvolle Nischen, Rast- und Liebesnester.

An einem Augustnachmittag, ich turnte gerade wieder unter der Brücke, traf ich in einer dieser Stahlkammern auf einen Mann. Er war gerade dabei, die Wände mit gefährlichen Zeichen und grellen Ornamenten zu bemalen. Die Farbtöpfe vor ihm wirkten wie mit rotem Saft gefüllte Opferschalen, die Pinsel wie die Instrumente einer Obduktion. Seine Körperhaltung bereit zum Autodafé.

Er war auf den Besuch eines über den Donaukanal schwe-

benden Jungen nicht vorbereitet. Ich hatte ihn offensichtlich überrascht. Seine Augen funkelten, mit der farbverschmierten Hand winkte er mich weiter. Er wollte allein
sein, das war mir sofort klar. Aber in seinem Verbot, mich
bei ihm aufzuhalten oder ihm sogar eine Frage zu stellen,
lag nichts Böses. Er war vierzig Jahre alt oder jünger.
Zurück bin ich auf der Brücke gegangen, ich habe mich vor
einer neuerlichen Begegnung mit dieser Erscheinung ge-
fürchtet. Am nächsten Tag stand in der Zeitung, ein aka-
demischer Maler, Emil B., sei aus dem Donaukanal gefischt worden. Ertrunken.
Es hat Wochen gedauert, bis ich mich wieder unter die
Brücke getraut habe. Bewaffnet mit dem Küchenmesser
meiner Mutter und der Taschenlampe meines Vaters. Die
Farbtöpfe waren noch immer da. Die Wände der eisernen
Nische fertig und dicht bemalt. Ein Graffito mit Schmerz-
zeichen und Lustsymbolen. Das Schwarz der Nacht
kämpfte mit dem Hellblau des Tages. In der Mitte dieser
Inschrift eine weiße Mondsichel, auf der ein Mensch ein-
beinig stand.

Die Mondläufer

Es war mir nicht auszureden: Das hat ein Mondläufer gemalt. Einer der vielen, die bei diesem Club sind.
Längst ist der Aufstieg in das Innenleben der Friedensbrücke unmöglich geworden. Gitter und Schlösser verhin-
dern das Eintreten in diese Welt. Aber immer wieder habe
ich den Blick der Mondläufer gespürt. Mit manchen kam
ich ins Gespräch, einige wurden meine Freunde. Andere
wieder vermieden es, erkannt zu werden. Sie stellten den

Mantelkragen hoch und verschwanden aus meinem Blick-
feld.

Es handelt sich weder um eine Weltverschwörung noch
um einen Bund oder eine Verbindung. Es gibt keine Verabredung, und ein Zusammentreffen ist zufällig, auf jeden
Fall individualistischer Natur. Sie sind keine Erfindung des
Lifestyles oder Zeitgeistes. Im Gegenteil, man kann befürchten, daß ihnen die Brise dieser letzten zehn Jahre dieses Jahrtausends nicht gut tun wird. Sicher ist schon, daß
sie auf den neu angelegten Trampelpfaden einer restaura-
tiven Gesellschaft unter die Räder kommen.

Viele, die meisten sogar, entdeckt das große Bühnenlicht
nicht, es bleiben keine bewegenden Werke zurück. Kein
Erstaunen der Welt hat sie verewigt, und doch ist ihre Unsterblichkeit an Beobachtungen und Begegnungen anzu-
binden.

Man findet sie überall. In vollgedrängten U-Bahn-Wag-
gons, in Kathedralen und Stadien. Auf Flughäfen, in Restaurants und gegen Morgen in verlassenen Bars, wo sie
mit dem zwielichtigen Gott Hermes, der zugleich alles beleuchtet und verdunkelt, im Kreis tanzen. Wenn sie wo
hocken oder vor sich hinstarren, also scheinbar ruhigge-
stellt sind, sind sie doch in Bewegung, für Eingeweihte er-
kennbar an der Liebe in ihrem Blick.

Hört man sie lachen, weiß man, wer sie sind.

Sie sind Heimatlose und Wanderer, wobei das Bild des
Wanderns ein Bild der Sehnsucht ist.

Sie sind Eisschollenspringer, wobei das Springen ein Bild
ihrer Unabhängigkeit ist. Sie umschleichen bei Tag und bei
Nacht das Geheimnis, in das sowieso nur sie eindringen
können. Sie sind frei von Schamhaftigkeit und Angepaßt-
heit.

Es hat sie schon immer gegeben. Meist waren sie in der Nähe der Kunst. Sie reisten wie der Botschafter Rubens oder sitzen fest wie Meister Rembrandt. Der streitbare und hitzige Caravaggio, der nicht trank, sondern sich die Weinkrüge in die Brust stellte, war einer von ihnen. Giotto, der die Tugenden und Laster ins Jüngste Gericht malte, natürlich auch …

Frida Kahlo, die mexikanische Malerin, der und vor allem ihrer Schmerzen wegen, war natürlich auch eine. Und die Figur Harry Haller aus Hesses Roman *Der Steppenwolf*, der seine Geschichte mit dem Satz »Mozart wartet auf mich« enden läßt, auch.

Sie arbeiten mit begehrender Begierde, aus Manie und Depression. Meist beginnen sie ihr Leben mit der Dominanz des Intuitiven und enden mit der Ironie. Einer von ihnen schrieb einmal mit einem Finger auf ein beschlagenes Straßenbahnfenster: »Vergiß die Information. Roll over ins Reich der Träume!«

Projektor No. 477

In dem Quadratkilometer Wohngebiet, bestehend aus einer Eisenbahnersiedlung des 19. Jahrhunderts und wild wuchernden Schrebergärten war eine neue Idee ausgebrochen. Wie Klee tauchten sie in diesem Restgrün auf: die Partei-Klublokale.

Jeder, der etwas zum Feinlauf dieser Welt zu sagen hatte, verkündete es in einem ehemaligen Kohlenkeller, einem Souterrain-Lokal, einer Backstube oder im Hinterzimmer eines Wirtshauses.

Die abgegrenzten Lehren der Lokalbetreiber hatten

natürlich auch ihr entsprechendes Rahmen- und Unterhaltungsprogramm.

So wurde von weit angereisten Entertainern sibirisch oder ukrainisch gehüpft und getanzt oder von beneidenswert gut genährten Riesen mit breitkrempigen Hüten und karierten Hemden auf der Mundharmonika oder dem Kamm geblasen.

Es gab Dia-Vorträge von Experten, die den industriellen Fortschritt des Ostens oder auch des Westens als Vorbild anpriesen. Aus heutiger Sicht ein Programm der Irrtümer, vergrößert durch die Brille fanatischer Einfalt.

Für die Kinder dieser Gegend war viel mehr entscheidend: In welchem Lokal wird ein Film vorgeführt? Ersitzt man sich durch das Zuhören eines komplizierten Erwachsenen-Vortrags freien Eintritt, oder hat man einen Verwandten im jeweiligen Verein, der Eintritt über die Kohlentreppe ist gewährleistet.

Welche Filme wo auch immer vorgeführt wurden, projiziert wurden sie ausschließlich durch ein und dasselbe Gerät. Einen 35-mm-Zeiss-Wanderprojektor, der zehn Jahre zuvor deutsche Soldaten an diversen Fronten zum Lachen bringen sollte.

So mußte das alte Zeiss-Gerät für alle Halbgötter herhalten. Vom Bolschoi-Ballett zu den texanischen Ölfeldern, von Eisenstein zu W. C. Fields, vom sozialistischen Realismus zur Tropf-Art Jackson Pollocks.

Hochstimmung kam aber nur dann auf, wenn Don Camillo und Peppone aus Italien, der Gorilla aus Frankreich oder irgendein Schwerverbrecher aus Amerika zu Gast waren.

Die alten Genossinnen und Genossen liefen vor dem Andrang der Kinder davon, und in wenigen Minuten war das Lokal dreifach besetzt. Hinten, wo der Zeiss-Projektor stand, hat man vier oder fünf hohe Stehleitern aufgestellt, auf deren Sprossen die Knirpse, so auch ich, wie Schimpansen in den Bäumen saßen.

Meist saß ich so nah an dem Projektor, den man zur Kühlung an drei Seiten aufklappen mußte, daß ich den 15-Watt-Ton, der vorne bei der Leinwand aus einem winzigen Lautsprecher kam, nicht hören konnte.

Der Projektor schnurrte und schnatterte seine eigene Melodie und schlug den Takt, wenn eine der vielen provisorisch geklebten Filmstellen am Bildfenster vorbeiholperten. So war es auch, als *Dillinger*, aus Amerika und in Schwarzweiß, bei uns in der Siedlung zu Gast war.

Schon die erste Szene, noch vor den Titeln, war ein voller Erfolg.

Dillinger sitzt mit seiner Freundin in einem Super-Lokal. Er ist im Super-Anzug mit Super-Hut. Sie im Super-Sexy-Abendkleid mit Super-Blick. Sie trinken Super-Champagner. Dillinger kauft dem Blumenverkäufer, der das Lokal betritt, alle Super-Rosen ab und schenkt sie ihr. Der Starlight-Starfilter läßt ihre Augen blitzen. Er spricht amerikanisch mit supertiefer Stimme.

Die Bilder im Projektor hüpfen vor Spannung. Ein großer irischer Kellner im gestreiften Hemd und weißer Schürze knallt Dillinger die Rechnung auf den Tisch. Er schickt den Iren weg, die Rechnung bleibt liegen, erhebt sich lässig, küßt das Starlet auf den Mund und flüstert: »I'm back in the flash with the cash.«

Vor dem Lokal stellt er den Kragen auf, zieht den Hut tief ins Gesicht, geht ein paar Schritte und betritt die Bank nebenan. Dort zieht er blitzartig zwei Pistolen aus dem Hosenbund. Der Safe geht auf, und Dillinger bedient sich. Ein paar Schritte zurück ins Super-Lokal, noch ein Starlet-

Kuß, noch ein Super-Champagner. Dillinger bezahlt seine Rechnung, während in der Bank die Polizei eintrifft und zu ermitteln versucht, in welche Richtung der Räuber verschwunden ist.

Aus dem Blick des Starlets: der fesche Dillinger mit spöttischem Grinsen; hinter der Glasscheibe draußen auf der Straße: die dümmlich auf- und ablaufenden Cops.

Die Leinwand wird weiß, in großen, bedeutenden Buchstaben erscheint der Satz »Crime doesn't pay«.

Mein Projektor schnauft. Der Vorführer hat ihn abgedreht.

Ein alter Veranstalter ist nach vorne gelaufen, hat den Finger gehoben und lautstark übersetzt: »Verbrechen macht sich nicht bezahlt!«

Der Unterhaltungswert dieses Satzes war enorm. Das Gelächter dauerte Minuten.

Man muß wissen, welche späteren Kapazitäten im Publikum saßen. Zum Beispiel die Brüder »Sonne und Mond«, einige Jahre später spezielle Bankfachleuchte, oder »Silberfisch-Auge«, einer der wohlhabendsten Unterweltkönige Norddeutschlands, »Schweißfuß«, bis vor kurzem Manager der Verstaatlichten, »Fischi«, Millionenbuchhalter aus eigenen Gnaden für die eigene Tasche, die Cousins »Engelbart und Engelhaar«, Casino- und Lokalbesitzer in der Karibik. Und all die, die es zu keiner Prominenz gebracht haben, für die aber die wenigen Schritte vom Geschäft in die Bank und zurück zum Überlebensgesetz wurden.

Als ob mein Projektor schuld wäre, wurden kurz nach der Premiere von *Dillinger* die Filmvorführungen eingestellt. Die alteingesessenen Lichtspieltheater der Umgebung begannen, mit *Sissi* zu werben. Nur, die für damalige Begriffe perfekten Kinosäle mit versteckten Projektoren und

Klappstühlen in Reih und Glied hatten nicht die Atmosphäre des improvisierten Kinos mit einem hohen Leiterplatz und dem dramaturgischen Eigenleben des alten Zeiss. Manchmal durfte er noch am Samstagnachmittag *Dick und Doof* abspulen.

Man hatte ein Piano in den Saal gestellt, es genauso aufgeklappt wie den Projektor, und da saß ein Bub und illustrierte das Geschehen auf der Leinwand mit Klaviermusik. Wann immer die Vorstellung zu Ende war, spielte der Bub am Klavier weiter – nicht nur, bis alle Großeltern mit ihren Enkelkindern gegangen waren, die ganze Nacht hindurch, den ganzen darauffolgenden Tag und wieder die Nacht. Zweimal 24 Stunden lang. Dann blieb das Piano wieder für mehrere Wochen stumm.

Es fiel mir nicht schwer, das Geheimnis dieser Marathon-Session zu lösen. Der Bub hieß Peter, wohnte mit seinen Eltern in einer sehr kleinen Wohnung in derselben Straße wie ich. Natürlich hatte sein Vater kein Geld, ihm ein Klavier zu kaufen. So hat er sich auf Packpapier die Tasten eines Klaviers gemalt, die großen weißen und die kleinen schwarzen. Auf diesem imaginären Instrument hat er, nur für sich hörbar, Klavierspielen gelernt.

Dieses Klavier, das keines war, und diese Töne, die keiner hörte, hätten ihm auch gereicht. Nur die Eltern haben sich Sorgen gemacht, daß er außer Buttermilch nichts zu sich nehmen wollte. Denn die konnte er einhändig löffeln, ohne sein Spiel zu unterbrechen. Wenn es aber sein Vater irgendwie zustande brachte, zweimal 24 Stunden ein echtes Klavier aufzutreiben, an einem Wochenende in einer Schule zum Beispiel, bei einer Familie, die auf Urlaub war, oder eben in Kombination mit meinem alten Projektor, dann hat Peter seine stumme Musik unterbrochen und nach seinem Dauerauftritt alles gegessen, was auf den Tisch kam. Mit dieser Erziehungsmethode wurde er groß, stark und berühmt.

Nicht so berühmt, daß ihn jeder kennen muß, aber so berühmt, daß er sein Leben kann, wie er sein Leben will: Zweimal 24 Stunden Klavierspielen, ein paar Tage essen und schauen.

Heute, vierzig Jahre nach seinem Packpapier-Klavier und meinem schnaufenden Projektor, gehe ich in New York im Kreis. Eine Filmfirma wünscht sich, daß ich in dieser Stadt einen Film realisiere, dessen Geschichte Anfang der Fünfzigerjahre spielt – also vor vierzig Jahren.

Ich habe Hunderte Straßen auf ihre Zeitauthentizität untersucht. Jetzt weiß ich nicht mehr, was ich dringender brauche. Einen Chivas oder ein Fußbad. Gegen zwei Uhr morgens betrete ich die Greenstreet Bar.

Auf der Bühne ein Flügel, am Flügel ein Pianist.

Ich genieße den Chivas, verschiebe das Fußbad auf später und höre der Musik zu. Plötzlich, fast hätte ich den Eiswürfel verschluckt, beobachte ich, wie der Mann am Klavier, mit einer Hand weiterspielend, Buttermilch löffelt.

Ich humple zu ihm hin.

»Peter, noch immer die großen weißen und die kleinen schwarzen Tasten? Und noch immer Buttermilch?«

»Natürlich, warum sollte ich etwas ändern, wenn ich nur so glücklich bin. Und du? Noch immer auf der Suche nach Bildern?«

»Ich würde mir manchmal wünschen, den Projektor No. 477 zu besitzen. Vielleicht könnte ich dann meine Bilder finden, ohne Blasen an den Füßen zu bekommen.«

»Du meinst, diesen altmodischen Kasten von damals, in dem Klublokal bei der Eisenbahnersiedlung?«

»Genau um den geht es.«

»Es gibt einen Alteisenwarenhändler in der Canal Street, ich glaube, dort steht so ein Ungeheuer.«

»Ist es ein 477er?«

»Geh hin und schau nach.«

Ich überlege, daß eigentlich die Canal Street sehr gut in mein morgiges Programm paßt. Aber zu Fuß gehen werde ich nicht, ich werde ein Taxi nehmen.

Am nächsten Tag haben alle Taxifahrer New Yorks gestreikt. Was war, holt einen immer wieder ein. Aber! Falls man fällt, fängt einen die Straße auf.

*E*s war nicht leicht, aus unserem Hof und Bezirk her-
auszukommen.

Einmal wurde meinem Vater das berufliche Angebot gemacht, nach Äthiopien zu gehen. In der kleinen Wohnung
erschienen drei dunkelhäutige Herren vom Hofe Heile Se-
lassies mit brillantierten Haaren, süßem Geruch, vielen
Goldringen und honiggelben Mänteln, die so weich waren,
daß meine Mutter während der ganzen Besprechung im
Vorzimmer blieb und den Stoff zwischen ihren Händen
hielt.

So stellte ich mir ab nun Ali Baba und seine Freunde vor.
Mein Vater ging eine Woche auf und ab und überlegte. Ich
lag am Boden und studierte mit einer Lupe den afrikani-
schen Kontinent im Schulatlas.

Meine Mutter wollte auch so einen Mantel wie die Ge-
sandten und riet zur Abreise. Tänzer und Tanzclubs gibt es
sicher auch in Addis Abeba.

Mein Großvater erzählte, von Stromstößen geschüttelt, von
den gefährlichen Leoparden im Hochland. Meine Großmutter erkundigte sich vorsichtig nach dem Paradiesvogel
vom blauen Nil.

»Den gibt es dort nicht«, meinte der Großvater und feuerte
sie an, die Kurbel des elektrischen Massagegeräts schneller
zu drehen.

Wir fuhren nicht nach Äthiopien, wir fuhren nirgendwo

hin. Die Chance, der Siedlung zu entkommen, war verdorben.

Zwei Freunden von mir ist das Kunststück aber schon im Alter von fünfzehn und sechzehn Jahren gelungen.

Sie waren Brüder, hatten eine kleine stämmige Figur, strohgoldenes Haar und ein rundes Gesicht mit runden Augen, Nase und Mund. Sie waren sich so ähnlich wie Eier. Der eine nannte sich, wie schon erwähnt, »Sonne« und der andere »Mond«. Obwohl sie nicht zur Schule gingen, waren sie aufgeweckt und interessiert, vor allem an mechanischen Dingen.

Während sie sich von mir verabschiedeten, schleppten sie große, schwere Holzkisten, in denen es metallisch polterte, auf einen Leiterwagen. Damals war ich zwölf Jahre alt. Schon kurze Zeit später habe ich sie auf Zeitungsbildern erkannt. Sie waren zwei weltberühmte Kassaschränker geworden, die mit Können und Phantasie nur die größten aller Banken knackten und die Polizei an der Nase herumführten. Die Stationen ihres Wirkens waren: Marseille, Paris, London und New York. Sie haben, bevor ich meinem Bezirk entkommen bin, die große weite Welt gesehen und Kriminalgeschichte geschrieben.

Betrifft: Mord

Sie sollten mir glauben. Folgender Bericht über einen Brief ist nur fast gelogen. Über Agatha Christie kann man nachschlagen – oder noch besser ihre Bücher lesen.

Zu geheimnisvoll?

Absolut nicht.

Der folgende Brief hätte – so behaupte ich – von einem Redakteur der *Tatort*-Redaktion geschrieben werden können.

Redaktionen sind Zimmer in einer Fernsehanstalt, in denen entschieden wird, welche Geschichte am Wochenende als TV-Krimi läuft. Redakteure müssen Autoren motivieren oder vorgelegte Kriminalgeschichten beurteilen. Von dieser Beurteilung hängt es ab, was dann verfilmt wird.

Kriminalgeschichten schreiben viele. Pensionierte Polizisten, Nachtwächter, Turnlehrer, Ammen, Taxifahrer in einer kleineren oder mittleren Stadt. Und viele andere. Auf jeden Fall Menschen mit viel Freizeit. Aber es schreiben auch hervorragende Autoren.

Die hohe Kunst des *Tatort*-Redakteurs ist es, herauszufinden, was unter den sich stapelnden Angeboten ein *Tatort*-tauglicher Krimi ist.

Es war einmal, daß Agatha Christie eine Krimi-Geschichte eingereicht hatte, und ein gewissenhafter *Tatort*-Redakteur hat – von Programmsitzungen, seinen Direktoren, unverschämten Autorenanrufen, zitierten Rapporten wegen

Seherkommentaren und -beteiligungen genervt – folgende
Beurteilung über dieses Buch geschrieben:
»Liebe Frau Christie !
Ich bestätige den Empfang Ihrer interessanten Geschichte. Den Titel kann ich leider nicht zitieren, weil beim
Posteingang das Textblatt des Manuskripts mit dem Kuvert
verschwunden ist. Meine Sekretärin weiß noch irgend etwas von einer Eisenbahn im Orient – gehört ja auch nicht
zur Sache: Titel und Sendeplätze sind sowieso etwas, das
wir nachträglich festlegen, wenn wir den fertigen Film gesehen haben. Ich kann Ihnen versichern, Ihr Buch privile-
giert behandelt zu haben. Irgendwie hat mich Ihr Name
interessiert. Ich hab auch mit einem Abteilungsleiter gesprochen. Er vermutet, daß Sie schon für den Kirchenfunk
geschrieben haben. Bei dem Namen Christie hat's geklin-
gelt. Auch der Programmdirektor scheint mit Ihrem Namen vertraut zu sein. Er hat mich gefragt, was ich leider
nicht beantworten konnte, ob ein Verwandter von Ihnen in
London tätig ist. Bei der Erwähnung des eingereichten Sujets und des bruchstückhaften Titels hatte er aber sofort
die Idee, eine Serie über die Kreuzzüge zu produzieren.
Aber das ist nicht mein Ressort.
Liebe Frau Christie, was Sie sich da ausgedacht haben …
Nun, wissen Sie, wir sind ein Medium der laufenden Bilder. Alle Ihre Figuren reden und reden. Zu viele Dialoge,
zuviel Geschwätzigkeit, zuviel Information. Sie müssen
sich immer vorstellen, daß sich das der geplagte Zuseher
alles merken muß. Er ist müde, er ist enttäuscht und setzt
sich vor sein geliebtes Fernsehgerät. Und auf einmal soll
er zum Denken anfangen. Wollen Sie das? Das kann man
doch von niemandem verlangen! Verzwickte Dialoge in
verzwickten Geschichten in einer verzwickten Geographie

– wenn ich mich recht erinnere, wird die Eisenbahn sogar im Schnee eingezwickt.

Handlung in der Einheit Ort und Zeit, schön und gut, aber das ist für unsere Zuschauer nicht erfrischend genug. Sie bieten keine explodierenden Autos, keinen Hubschrauberangriff, mit einem Wort: zuwenig Action. Aber darüber später.

Was machen Sie mit den Figuren, Frau Christie?

Sie stellen einfach Figuren in Ihrer Geschichte ab, wir haben keinen psychologischen Hintergrund erfahren. Wir wissen über Ihre Verbrecher zu wenig. Wer soll sich da identifizieren? Wir haben Sigmund Freud. Holen wir uns ein paar Motivationen. Ist ja nur eine Sache von einigen Lesestunden. Und welch schreckliche Kommissar-Figur bieten Sie uns an. Einen Fettling – Sie wissen doch, wie sehr wir auf schön schlank, rank und gesund Wert legen. Ölige Haare und große Lippen. Der Blick, Frau Christie, macht es aus, der Blick! Der Falco kann es noch nicht spielen, und der Tappert nicht mehr. Ein Besetzungsdilemma. Und dann. Wie merkt sich dieser Kommissar das alles? Er besitzt nicht einmal einen PC, um die Informationen zu ordnen und zu kombinieren. Das glaubt uns doch die Computer-Generation nicht mehr, daß man sich all die kleinen Details so einfach im Kopf merken kann. Wir rutschen damit ins Märchen ab, und dafür gibt's eine andere Sendeschiene.

Und wie gehen Sie mit der Moral um? Da kann man ja in schaurigen Momenten sogar lachen. Wir aber nehmen Verbrechen ernst. Wir orientieren uns beim kleinen Mann, wir unterhalten so, daß sich jeder Schwarzseher als Krimineller erkennt. Ihr Humor ist zeitgeist-technisch eine Katastrophe.

Sie sollten sich *Aktenzeichen XY* ansehen und daraus lernen.

Ihr dramaturgischer Aufbau! Haben Sie noch nie amerikanische Fernsehserien gesehen? Unbefriedigende Exposition. Sie müssen so schreiben, daß sich alle bei allem gleich auskennen, sonst kennt sich ja keiner aus.

Noch nie etwas von Struktur gehört? Die Zuseher drehen ab ohne Struktur. Struktur ist etwas, das Sie immer liefern müssen, egal, was für Sujets Sie schreiben. Die dramaturgische Struktur muß immer die gleiche sein. Über alles muß man ein Zellophanpapier legen können. Einen verständlichen Raster. Wenn Sie das nicht tun, gehen Sie beim Publikum baden.

Nach zehn Minuten die erste katastrophale Wendung, aber vorher muß es schon ordentlich krachen. Die Zuschauer fragen sich sonst: Warum kracht es nicht?

Wenn es nicht schon in Ihrem Autorenkopf kracht, kracht es nie mehr. Oder glauben Sie, daß es ein Regisseur krachen lassen kann? Also bei uns nicht.

Und dann, Frau Christie, geht es flutsch – und alle sind beim anderen Programm. Wollen Sie, daß alle beim anderen Programm landen? Wo dann womöglich gerade musiziert und gehüpft wird?

Unabhängig von meinen dramaturgischen Einwänden muß ich Ihnen mitteilen, daß wir bis Ende übernächsten Jahres kein Budget mehr haben. Kopf hoch, Frau Christie, nehmen wir zu einem späteren Zeitpunkt wieder Kontakt auf.

Ihre Tatort-Redaktion.«

»Trinken wir einen Espresso!«

»Klar. Gute Idee!«

*A*uf unserem Dachboden lag ein farbloser Strohsack, daneben eine umgedrehte, deckellose Nagelkiste mit einem kleinen Kerzenstumpf darauf. Das heruntergeronnene Wachs hatte die Kiste an die dunklen Ziegel des Bodens geklebt. Wahrscheinlich hatte dort jemand sein Nachtlager. Obwohl ich den Dachboden bei allen Lichtsituationen durchstreift habe, konnte ich nie jemanden entdecken.

Am liebsten war mir das Abendlicht, denn da schien die Sonne durch die offene Luke und beleuchtete den schwirrenden Staub wie eine Milchstraße. Ich setzte mich auf die Matratze und wartete, bis die Projektion des Lichts unter den goldenen, zum Trocknen aufgehängten Maiskolben ausgeblendet war.

Wenn dann das Licht grau wurde und etwas Wind aufkam, wurde der Dachboden eine Himmelskuppel, der Boden ein schieferschwarzes Meer und der Strohsack mein Rettungsboot.

Als mich meine dicke Freundin Monika besuchen kam, beruhigte ich ihren ängstlichen Blick, indem ich sie in mein Boot nahm und meine Hände auf ihre Augen legte. Dann begann ich ihr, mit langsam gesprochenen Sätzen, ins Ohr zu flüstern: »Jayne, jetzt sind wir ganz allein in einem kleinen Boot auf einem großen Meer, weit und breit ist kein rettendes Dampfschiff zu sehen. Es kommt Sturm auf, unser

Boot beginnt zu schaukeln, wir haben aber kein Ruderplatt und keine Riemen, um das Boot zu steuern. Aber unser Schiff ist gut gezimmert, und obwohl du es so laut knarren hörst – tust du das? –, wird es von den Wellen nicht zerschmettert werden. Aber, hörst du? Der Sturm wird heftiger, unser Boot beginnt zu schlingern und dreht sich im Kreis, und die Wellen treffen mit Getöse auf dem hölzernen Rost des Bodens auf, eine Folge von Schlägen, bis die Planken im halbvollen Kahn schwimmen und unsere leichten Körper nach oben heben. Und dann ...«, schrie ich, »... umarme mich, eine Welle prallt gegen meine Brust und wirft mich rücklings aus dem Boot.« Dabei ließ ich mich vom Strohsack auf den immer schwärzer werdenden Boden fallen. »Hilf mir zurück ins Boot. Du mußt deine Arme nach mir strecken, und rufen: Hier, nimm meine Hände, ich ziehe dich zurück.«

Meine tapfere Freundin befolgte exakt alle Regieanweisungen. Ich lag im Staub, sie auf dem Stroh, ich spielte mit meinem Körper die Bewegungen der Wellen und schrie: »Ich bekomme keine Luft mehr, ich ertrinke, der Sturm, die Wellen, die schwarze Nacht, das eiskalte Wasser ...« – so lange, bis ich ihr erlaubte, mich an den Handgelenken zu fassen und ins Boot zu ziehen.

Wieder in Sicherheit, begann ich zu frieren, mußte meine nassen Kleider aus- und ihre trockenen anziehen. Dann, noch immer kleine Schlucke Salzwasser aus mir hüstelnd, schlief ich unter ihren streichelnden dicken Fingern ein und dachte, dieses Spiel ziehe ich jetzt durch, bis der Winter kommt.

Mit dem Kolowrat gedreht

An manchen Tagen lag so viel Schnee, daß das Gelände
nicht befahrbar war. Die Schneideräume zu erreichen, war
mit einer Expedition vergleichbar. Die Wasserleitungen
platzten, meterlange Eiszapfen rissen die Dachrinnen herunter. Das Gewölbe der Studios krachte unter der Schnee-
last. Der Strom fiel zeitweise aus, das Telefon versagte.
Im Katastrophenwinter 1986/87 hatte ich mich in den
Schneideräumen der Wien-Film in Sievering eingemietet.
Nach fast zweijährigem Auslandsaufenthalt nahm ich mir
vor, den in Hamburg gedrehten Film *Der Joker* in Wien
fertigzustellen. Zu diesem Zeitpunkt war die Wien-Film
bereits liquidiert und ein provisorischer Vermietungsbe-
trieb installiert, um Betriebsamkeit vorzutäuschen, wo das
endgültige Aus schon beschlossen war.
Die Untergangsstimmung war perfekt. Aus den Schnee-
massen ragte der steinerne Kopf von Sascha Kolowrat her-
vor. Die Büstenüberschrift »Dem österreichischen Film-
pionier« wirkte wie blanker Zynismus.
So beschloß ich mit meinen Mitarbeitern, unter Beobachtung des Filmjournalisten Martin Schweighofer, Kolowrat
zu entführen. Die Aktion ist an seinem Gewicht gescheitert.
Ich gewöhnte mir an, ihn beim Vorbeistapfen zu grüßen.
Ich bin seinen Spuren schließlich immer wieder begegnet,
und seine Freunde haben mir über ihn erzählt:
Wann immer Sascha Kolowrat in seinem Sascha-Daimler-

Wagen, den er gemeinsam mit Porsche in einer Wiener Neustädter Werkstatt gebastelt hatte, von seinem Büro in der Siebensterngasse ins Atelier in Sievering raste, schauten die Verkehrspolizisten in die andere Richtung. Strafmandate fürs Zuschnellfahren waren bei ihm pauschaliert. Gelegentlich verlor ein Polizist die Nerven: der Rennfahrer hatte mittels des von ihm erfundenen Stoprads einen 180-Grad-Turn gedreht, dann flankte er mit seinen 120 Kilo Lebensgewicht aus dem Auto und wippte leichten Schrittes davon.

Kolowrat. Dieser Mann hatte einen gigantischen Appetit auf alles, was sich bewegt, einen speziellen Sinn für alles Neue, einen ganz besonderen Instinkt für die Zukunft.

Als er in Wien eintraf, fuhr er noch Motorrad. Bald saß er jedoch bereits abwechselnd in mindestens drei Autos. Am 14. September 1910 legte er als vierzehnter Österreicher die Pilotenprüfung ab und kreiste in seinem Voisin-Doppeldecker über Wien. Gemeinsam mit seinen Jetset-Freunden Baron Economo, Xandl Meier und Warcholowsky überquerte er erstmals im Ballon die Alpen.

Wie hatte das alles angefangen? Woher kam dieser bewegliche Geist, der zum unumstrittenen König des Wiener Films avancierte. Wieder einmal typisch: Ausgerechnet in Wien begann die Pionierarbeit, noch lange vor den französischen Erfolgen Pathés und Gaumonts. Ein Erfolg, an dem die heimischen Experimentierer freilich nie wirklich teilhaben durften.

Das war die Zeit, in der Sascha Kolowrat die Szene betrat. Sein Kosmopolitentum war gewissermaßen genetisch bedingt. Sascha wurde 1886 in Glenridge, USA, geboren. Seine Mutter, Nadine, geborene Freiin von Huppman-Valbella, war eine Dollar-Zigaretten-Prinzessin mit »money«

– und dem Präsidenten des deutschen Landeskulturrates Leopold Graf Kolowrat-Krakowsky als Gatten.

Sascha wurde Dragonerleutnant und nebenbei einer der erfolgreichsten Autorennfahrer seiner Zeit. Im Zuge des Automobilkarussells kam er nach Paris und traf mit Pathé zusammen – aus war's. Oder besser: Nun ging's erst richtig an.

In der Pappenheimgasse im Zwanzigsten entstand das erste Labor. Eine verkommene Freilichtbühne in der Engerthstraße wurde zum Außen-, ein Dachboden in der Biberstraße zum Innenatelier. Hier fiel die Klappe für die ersten Filme der nachmals berühmten Marischka-Brothers. (Georg hat bei meinem ARD-Fernsehfilm *Sentimental Journey* 1987 einen vertrottelten Onkel spielen müssen mit der Verpflichtung, mir viel über seine Altvordern zu erzählen.)

Sein Onkel Ernst Marischka ist Filmregisseur und schrieb Drehbücher für Schauspieler-Generationen. Er ist Autor der *Sissi*-Filme mit Romy Schneider. Vater Hubert war in den Zwanziger- und Dreißigerjahren Direktor des Theaters an der Wien sowie Tenorstar und Regisseur seines Hauses.

Alexander Girardis Film *Der Millionenonkel*, im Frühjahr 1913 auf den Straßen Wiens, im Atelier Engerthstraße, Biberstraße und in der Sommerarena Baden in fünf Wochen von Hubert abgedreht, wurde ein Kassenschlager.

Während des Ersten Weltkrieges war die Sascha-Filmfabrik neben dem Spielfilm mit Dokumentarfilmen und – wieder hat Kolowrat die Zeichen der Zeit genau erkannt – mit Wochenschauen ausgelastet.

Als Kaiser Franz Joseph am 21. November 1916 starb, gelang ihm, was jeden Kopiermeister noch heute vor Staunen stumm macht: In nur drei Tagen stellte Kolowrats Labor nicht weniger als 255 Filmkopien der Begräbnisfeierlichkeiten fertig.

Der Wiener Filmgraf war nicht zu stoppen. Er erkannte die Achse Wien-Berlin und gründete mit Oskar Meßter unter Beteiligung der Wiener Verleihfirmen Philipp und Pressburger die Sascha-Meßter-Film GmbH. Und der Team-Mensch Kolowrat entdeckte und verpflichtete die Filmschaffenden Hartl, Hoesch, Ucicky, Feißler, Breslauer und Wiene.

Als ich vor fast zwanzig Jahren in der Singerstraße einen Werbefilm drehte und für eine Kamerafahrt die Straße sperren ließ, war ein 70jähriger Herr besonders neugierig. Wiederholten Bitten, doch zurückzutreten, kam er nur kurzfristig nach, um gleich wieder neben der Kamera zu stehen. Er zupfte mich am Ärmel: »Lassen Sie mich doch Filmluft atmen.«

Es war Karl Hartl, von dessen unzähligen Regieleistungen ich nur den 1948 gedrehten Film *Der Engel mit der Posaune* mit Paula Wessely, Atilla Hörbiger und Oskar Werner erwähnen will. Meine Einladung, die Regie des Werbefilms zu übernehmen, hat er leider, aber verständlicherweise lachend abgelehnt. Als Gesprächspartner ist er mir noch einige Jahre erhalten geblieben.

Nach dem Kriegsende 1918 schied der Berliner Meßter aus der Firma aus und legte so den Grundstein zu Kolowrats letzter Trademark, der Sascha AG.

Kolowrat produzierte wie im Taumel. Er setzte auf bekannte Stars, gab Unbekannten die erste Chance und machte sie so zu Verbündeten. Wie Feuerwerksraketen schossen sie in alle Richtungen filmischen Schaffens.

Es war die goldene Zeit der Wiener Filmproduktionen, der

Monumentalfilme und Spezialeffekte. Michael Kertesz (seit dem Jahr 1942 besser als *Casablanca*-Regisseur Michael Curtiz bekannt) drehte 1922 am Laaerberg *Sodom und Gomorrha*; hinter der Kamera stand Gustav Ucicky (der Sohn von Gustav Klimt, der als Regisseur vieler interessanter Filme leider 1941 auch an einem der übelsten Machwerke des NS-Filmschaffens, *Heimkehr,* beteiligt war). Walter Slezak und Lucy Doraine, Kertesz' Frau, spielten die Hauptrollen. Unter den tausend Statisten drängten sich Willi Forst, Hans Thimig, Paula Wessely und Béla Balazs, der 1924 seine erste Filmtheorie *Der sichtbare Mensch oder Die Kultur des Films* publizierte. Vom selben Regie-Kamera-Team stammte das 1923 vollendete Mammut-Opus *Die Sklavenkönigin*. Ucicky wechselte ins Regiefach, inszenierte 1927 *Die Pratermizzi* und den atmosphärisch dichten Milieufilm *Café Electric*.

Das Buch zu *Pratermizzi* schrieb Walter Reisch, den ich im März 1982 in seinem Haus in Bel Air, Los Angeles, besuchte. Unter den von Peter Lorre gezeichneten Karikaturen von Reisch, Billy Wilder und Humphrey Bogart sitzend, bot er mir an, bei meinem ersten amerikanischen Projekt mitzuhelfen. Reisch war der Meister des Drehbuchschreibens.

Zum Beispiel *Leise flehen meine Lieder* (1933), *Maskerade* (1934), beide unter der Regie von Willi Forst. In *Café Electric* tauchte Marlene Dietrich als Mädchen aus gutem Hause auf, das einem Gigolo hörig wird, den Willi Forst spielte. Apropos Willi Forst: Unverabredet wie meistens begegnete ich ihm vor einigen Jahren. Aus einer kurzen Vorstellung wurde ein Briefwechsel. Nach der Ausstrahlung des Films *Kottan ermittelt* schrieb er mir 1976: »... danke für die gelungene Inszenierung.«

Zurück zu Kolowrat.

Willi Forst bestätigte seine hervorstechenden Eigenschaften: seinen gigantischen Optimismus, seine Lust, Neues zu entdecken, und seinen unerschütterlichen Glauben ans Gelingen. Auch Willi Forst zählt sich zu Kolowrats Entdeckungen. Er erzählt selbst: »Ich trat als Sänger und Tänzer im Wiener ›Apollo‹ auf. Ich schminkte mich gerade in der Garderobe ab, als plötzlich von Mund zu Mund wie ein Telegramm die Nachricht durch das Haus lief, Graf Kolowrat sitze in der ersten Reihe. Am nächsten Tag erhielt ich die Einladung zu Sascha, und zwei Tage später betrat ich zum ersten Mal die Büros in der Siebensterngasse. Er bot mir einen fixen Vertrag bei der Sascha an. Vieles hatte er mit mir vor. Nicht tanzen und singen allein sollte ich. Er wollte aus mir einen Charakter-Darsteller machen und prophezeite mir, daß ich Großes erreichen werde.« Das war 1927.

Eine andere Forst-Geschichte beschreibt Kolowrats Ausstrahlung. Wie schon erwähnt, war Willi Forst Komparse unter Tausenden bei *Sodom und Gomorrha* und posierte wie all die anderen mit einem Palmenzweig in der Hand. Michael Kertesz forderte sie auf, dem Triumphzug zuzuwedeln: »Da plötzlich betrat Graf Kolowrat das Atelier. Gewaltig in der Statur, aber federleicht schreitend ging er an uns wie ein General vorbei. Und plötzlich, ich weiß nicht, wie es geschah, begannen die Komparsen, ihm mit den Palmenzweigen zuzuwinken. Da neigte und hob sich ein ganzer Wald von Palmenblättern, während der Graf an dieser antiken Front vorüberschritt. Er freute sich sichtlich über diese Huldigung der Komparserie.«

Als ich Ende der Sechzigerjahre die Räume Kolowrats in der Siebensterngasse betrat, war noch einiges von seiner »Kaukasisch-Nuß-Atmosphäre« erhalten. Kolowrats einmalige von ihm entwickelte Tageslichtkonstruktion war bei der Renovierung des Hauses demontiert worden. Er hatte in den Fenstern, die zum Innenhof führten, riesige Spiegel auf einem Metallgestänge anbringen lassen, um den Himmel in alle Räume zu reflektieren.

Am 4. Dezember 1927 starb Graf Sascha Kolowrat mit einundvierzig Jahren.

Zunächst hatte die Diagnose Gelbsucht gelautet; dann wurde operiert. Bauch auf, Bauch zu – und schließlich hieß es: Bauchspeicheldrüsenkrebs. Einige Wochen pendelte er zwischen dem Kurhaus Semmering und seinem Büro. Kurz vor seinem Tod hörte er noch vom Tonfilm nach dem Triergon-Verfahren.

In seiner Mannschaft befand sich auch der Regisseur Alexander Korda, der zum Begründer der britischen Tonfilmindustrie wurde. Korda schreibt über Kolowrat: »Ich werde immer dankbar jener Jugendjahre gedenken, die ich in Wien verbracht habe. Sascha war ein großer Mann, ein Mann mit Weitblick und unbezähmbarer Energie. Ein Vorbild. Sein Tod bedeutet einen großen Verlust nicht nur für sein Land sondern für die gesamte europäische Filmindustrie.«

Michael Curtiz schrieb in Hollywood: »Es war vor 25 Jahren in Wien, als ich das Glück hatte, mit Graf Kolowrat zusammenzukommen. Es war in demselben Gebäude, das noch heute in der Siebensterngasse steht. Ich war ein junger Regisseur, der hart um seine Existenz kämpfte. Ich erinnere mich, wie ich in Kolowrats Büro saß und mir nicht ganz klar war, ob ich mich in dem Büro eines Filmmagnaten oder im Arbeitszimmer eines Automobilherstellers befand. Der Raum war mit technischen Geräten angefüllt. Das Glück war mir an diesem denkwürdigen Tag hold.

Unter seiner Leitung lernte ich die grundsätzlichen Gesetze der Filmkunst, die zu dieser Zeit in Wien am meisten fortgeschritten waren. Wenn ich heute sagen darf, daß ich im Leben etwas erreicht habe, dann habe ich dies meiner Zusammenarbeit mit Graf Kolowrat zu verdanken. Ich ging nach Amerika. Doch bis zum heutigen Tag, 25 Jahre lang, habe ich weder seine Lehren aus der Filmpraxis vergessen noch seinen weisen, menschlichen Rat.«

In der Hoch-Zeit der österreichischen Filmindustrie Anfang der zwanziger Jahre entstanden von den Firmen Sascha, Astoria, Dreamland, Listo, Schönbrunnfilm und Vitafilm bis zu zweihundert Großfilme pro Jahr. 1923 waren es nur mehr fünfunddreißig, 1924 noch sechzehn, 1925 ganze fünf.

In diesem Moment der Schwäche exportierten die Amerikaner über zweitausend Filme nach Österreich, überfluteten das Land und ertränkten die heimische Filmindustrie.

Am 29. Februar des Schaltjahres 1988 führte ich mit Dr. Walter Fritz vom Österreichischen Filmarchiv ein Telefongespräch: Die Übernahme des Sascha-Kolowrat-Denkmals in den Besitz des Österreichischen Filmarchivs im Laxenburger Schloßpark ist ein Vertragspunkt mit den neuen Besitzern der Sieveringer Ateliergründe. Als gäbe es keinen würdigeren Ort im Herzen Wiens, von wo aus Kolowrat auf den Unterschied zwischen klassischem Mäzenatentum und dessen Verwechslung mit Zuhälterei (nämlich Verführung und Abhängigmachen von Schaffenden) erinnern soll.

Bis zum Niederschreiben dieser Zeilen hat sich keine öffentliche Stelle, kein Sponsor gefunden, um für die Umsiedelung des Denkmals aufzukommen.

Wie wenig damals übersiedelt wurde! Wenn ein Möbelwagen in der Siedlung auftauchte, hieß es zunächst einmal, daß jemand verstorben war. Übersiedlungen fanden in kleinerem Rahmen statt.

Unsere Wohnung war eine der wenigen, die keinen Balkon hatte. An Frühjahrstagen begann das Leben auf den von blaßgrünen Eisengittern gesicherten, wenigen Quadratmetern Himmelsfreiheit. Die unter Planen verpackten Tretrollen, Drei- und Zweiräder verschwanden in den Wohnungen. Die meisten Parteien hatten mit einem Vorhängeschloß versperrbare Schatztruhen auf ihren Balkonen. Da war alles drinnen, was man im Winter nicht in der Wohnung und zum Leben brauchte: Bambusstecken mit gespannten Schnüren, schwarze Gummijojos, Springseile mit Holzgriffen, kleine Gummibälle für die kleinen und große Gummibälle für die größeren Kinder, Angelruten und Fischernetze, Pingpongschläger, Federballbälle, ganze und wieder reparierte Rackets. In unter Stapeln von alten Zeitungen geschützten Koffern war die Frühjahrs- und Sommergarderobe, meist feucht und angeschimmelt.

Dann bearbeiteten die älteren, jüngeren und ganz jungen Frauen den Beton mit Seifenlauge und Reisigbürste.

Ein deutliches Zeichen der Frühlingskraft war, wenn ihre weißen Oberschenkel, zufällig oder nicht, beim Schrubben entblößt wurden. Je nach Kraft der Sonne rutschte auch

das eine oder andere Hauskleid vom Körper, ein blaßrosa
Unterkleid als Arbeitskittel genügte. Manchmal wurde ein
toter Vogel auf eine Blechschaufel geschoben und über das
Geländer geworfen. Und einmal wurde eine Hauskatze,
von der man geglaubt hatte, sie sei davongelaufen, tot, mit
ausgestreckten Pfoten, unter der Schatztruhe gefunden.

Wie in einem lebenden Adventkalender, der sich verirrt
hatte, zuckte und bebte es auf den Balkonen.

»Wer wird heuer die Maikönigin, welche Terrasse wird
prämiert werden?« Es erschienen Topfpflanzen, Kakteen,
der Philodendron und der gerettete Weihnachtsstern im
Sonnenlicht. Mit Aluminiumlöffel und Gabel wurden die
Erde aufgehackt und die Blumen leidenschaftlich umge-
topft. Schließlich kam alles, was in der kalten Jahreszeit
benützt wurde, aus der Wohnung: die Rodel, die Skier, die
Schlittschuhe unter die Plane; die schweren Mäntel in den
Koffer; die Hüte, Muffs und Ohrenschützer in die Schatztruhe. Vorhängeschloß zu, Übersiedlung beendet, Eröffnung der Saison.

Langsam kamen die Liegestühle, minutenlanges Studieren
der Mechanik. Es war ein Slapstick besonderer Art, wie die
Älteren, die weniger Alten und die Jungen versuchten, die
Klappmechanismen in den Griff zu kriegen. Da quietschte
es durch den Hof, und so mancher Damenfinger hatte einen blauen, blutunterlaufenen Ring.

Je nach Sonnenstand, am Vormittag auf der linken Seite,
am Nachmittag auf der rechten, wurden die ersten Bade-
modeschauen veranstaltet: einteilige Gummipanzer, bunte
Badehosen mit Röckchen, darüber gerade- oder spitzge-
schnittene Oberteile, mit einem Band im Nacken ver-
mascht. Einige erprobten bereits das Oben-ohne-Sonnen-
bad.

Ganz nah, am Ufer des Donaukanals, befand sich der amerikanische Stützpunkt einer Flugstaffel. Die, so schien es uns, nichts anderes zu tun hatte, als in ihren kleinen erbsengrünen, einmotorigen Flugzeugen über Wien zu schaukeln. Wenn die Busenschau auf den Balkonen begann, kamen die Flugzeuge auch in unser Gebiet. Flogen tiefer und tiefer, drangen im Spiralflug in den Hof ein, und so manche hübsche Balkonbewohnerin richtete ihre Brüste nach oben und bekam als Dank für diesen Gruß ein leichtes Winken mit den Tragflächen.

Immer wieder gab es in der Sonnenzeit Unglücke bei der Landung, wenn die Cowboys von der schmalen Piste abkamen und ihre Erbsenkäfer im Donaukanal versenkten.

Am späten Nachmittag verlor das Schauspiel an Spannung, denn da kamen die Männer von der Arbeit und öffneten die ersten Flaschen Bier in den hängenden Gärten, die vorher all den Frauen gehört hatten, die nun in der Küche hantieren mußten.

Bezirksbekannt war der Balkon von Zwillingen mit feuerroten Haaren und sich abzeichnenden Hang zum Exhibitionismus. Wenn die zwei entspannt in ihren Liegestühlen mit geschlossenen Augen in der Sonne lagen, so war das nur Tarnung. In Wirklichkeit spürten sie genau, was da so im Publikum vorging, und konnten mit dem Parkett und der Galerie spielen wie Dirigentinnen eines Damenorchesters.

Ihr Kofferradio schmetterte zur Begleitung die Lieder aller Capri-Filme, die gerade in Mode waren.

Die Aufgabe der Verehrer hieß: Wie befördert man den Ball auf den Balkon der Verführerinnen so, daß es nach einem Mißgeschick aussehen würde? Die Frage war, würden sie aufstehen und den Ball zurückwerfen? Das Rätsel war,

Oberteil an oder nicht? Die größte Erwartung war ein Blick auf das Naturrot zwischen ihren Beinen.

Die koketten Zwillinge haben sich zwei Burschen aus der amerikanischen Zone gefischt, und eines Tages standen Blue Jeans mit karierten Farmerhemden auf der Bühne. Nicht, daß die Zwillinge fortan mit ihren Auftritten gegeizt hätten, nur die Bälle kamen nicht mehr zurück, und wenn, so waren sie mit Stricknadeln durchstochen und so schlapp wie eben Bälle sind, denen die Luft ausgegangen ist.

Die beiden wurden Verkäuferinnen in einem Unterwäschegeschäft, und kurz danach gab es Plakate, auf denen sie die Unterwäsche, die sie vorher verkauft hatten, gemeinsam reizvoll demonstrierten.

Auftritte auf dem Balkon gab es ab diesem Karrieresprung keine mehr, Gerüchte sagten, eine wäre fast »Miss Vienna 1958« geworden. In Wahrheit sind sie nach Amerika gegangen und haben dort fleißig und unbegabt auf einer kalifornischen Theke getanzt. Dabei hörten sie viele Geschichten, mit denen sie nichts anzufangen wußten.

Es war die Langeweile
und nicht die Lerche

Eigentlich war mir von Null an langweilig. Auch die Frau mit den roten Haaren, meine Mutter, stellte das fest, bevor sie ins Kuckucksnest kam und somit aus meinem Kleinkindleben verschwunden war.

»Spiel mit der Puppe«, sagte sie.

Ich habe gefragt: »Was soll ich mit der Puppe spielen?«

»Einer Schauspielerin begegnet der Ruhm.«

Aber ich hatte doch keine Ahnung, wie eine Schauspielerin aussieht oder was Ruhm überhaupt ist. Und im Grunde war es mir auch egal.

Als mir die Männer aus der Nachbarschaft nachstellten, war mir – das hat sie fertiggemacht – genauso langweilig. Und so begann ich, noch bevor die Sonne aufgegangen ist, zu beten: »Es muß doch irgend etwas geben, das mir nicht langweilig ist.«

Eine Lösung schien mir die Heirat. Und so heiratete ich mit sechzehn Jahren zum ersten Mal. Aber Jim, mein Mann, langweilte mich brutal. Bis ich körperliche Schmerzen empfand.

In der Fabrik, in der ich schließlich Hilfsarbeit fand, versuchte ich durch intensiv gespieltes Interesse in Gesichtsausdruck und Körperhaltung meine geistige Komplett-Abwesenheit zu kaschieren. Manche Minuten gestaltete ich mir aufregend, indem ich mir beim Fallschirm-Nähen in die Finger stach oder mit verschiedensten sexy Gesichtsmasken meine Kollegen veranlaßte, sich in die Finger zu stechen.

Dennoch: Ich erlebte auch dort wieder die Langweile einer Gelangweilten, die bis zur großen Traurigkeit das Verfließen der Zeit erkennt.

Ein kurzer Schauer der Abwechslung, als mir der Fotograf Tom Kelly das Höschen runterzog und für eine Pose fünfzig Dollar bezahlte. Aber als der dritte Film eingelegt war, hatte ich schon wieder einmal alles kapiert, und nur die Verrenkungen auf dem roten Plüsch hinderten mich am Einschlafen. Oder daran, hektisch zu reagieren, wozu Gelangweilte fähig sind – was dazu geführt hätte, dem Fotografen die Linse zu entziehen. Denn Gelangweilte können die Nervensäge bedienen wie kein anderer. Während meine Pin-ups in den Spinden der Soldaten pickten und sie die Tür, ohne satt zu werden, auf und zu machten, ließ ich meine Tür versperrt – aus Angst, wenn es klopft, kommt noch mehr Langweile zu mir herein. Ich lernte Schauspielerei.

Wenige Filme, und ich war ein Star.

Wie kann es anders sein? Begabte Langweilige sind die besten. Bei niemandem anderen ist der Narziß so kultiviert, die Ich-Bezogenheit so fruchtig. Die Filme *Blondinen bevorzugt* oder *Wie angelt man sich einen Millionär?* waren so wie das Spiel von und mit Joe DiMaggio. Kaum hatte ich die Technik »Wie geh ich's an« heraus: Langweile.

Billy Wilder sagte: »Früher kam sie am Donnerstag, wenn sie am Montag bestellt war. Jetzt kommt sie im Herbst, wenn im Frühjahr gedreht werden sollte.«

Ich vergaß Gesichter und Namen und ergab mich der wunschlosen Einsamkeit, dem erotischen Ziehen nach etwas ganz anderem: Ketten sprengen. Was die Filmbranche nicht alles für intelligente, einleuchtende oder dumme, unverständliche Begründungen vorgab, wie man sich zu geben hat: »Komm, denen zeigen wir's jetzt!«, »Hinaus ins Rampenlicht!« undsoweiter …

Wie staunte und versperrte sich da mein Gemüt, das von Langweile drogiert war. Und dann in Behandlung von Psychoanalytikern, die bemüht waren, weitere Irrlichter »Monroe« in die Welt zu setzen. Töten hätte ich sie sollen, aber da Langweiler über wenig kriminelle Energie verfügen, verschrieb ich mich der Droge.

Die Ehe mit Arthur Miller ging anfänglich ganz gut, er tröstete mich: »Eine Langweilerin ist besser als eine Serienmörderin …«

Darauf muß man erst einmal einige Tage zu Fuß gehen und grübeln: »Soll ich meine Langweile als Perversion sehen? Sie wie Hustenreiz unterdrücken? Ist Langweile ein Tabu? Ist diese negative Emotion nicht auch ein Lebensgefühl?«

Vier Jahre Altarfigur im Tempel Hollywood, an der Seite von Arthur Miller, und die Brandung schlug zurück.

Nach der Trennung öffneten sich noch ein paar Pandora-Büchsen.

Die Filmgesellschaften entließen mich. Weinen oder Lachen? Mein Psychiater sagte: »Ruhe für eine Weile.«

Idiot! Weiß er denn nicht, daß für eine Langweilerin eine Weile, je nach innerem Zustand, sehr kurz oder ewig lang sein kann. Sie sind alle Beschäftigungsschwindler. Denn: Bin ich neugierig, zischt die Zeit dahin; habe ich kein Interesse, wird alles zur Ewigkeit. Windstille, und die Glut erstirbt. Ein Hauch, und zumindest das Strohfeuer flackert auf.

In dieser zerdehnten Gegenwart und in diesem anhaltenden Raum gab es überhaupt keinen Grund mehr, zur Arbeit oder sonstwo hin zu gehen. Überall war ich schon, und gemacht hab ich auch schon alles.

Die Zeit läßt sich nicht totschlagen, sie ist es, die uns schlußendlich durch Alter und Tod totschlagen wird.

Sehen Sie sich ein Foto von Bruce Davidson an. Es zeigt Yves Montand, Simone Signoret, mich und Arthur Miller. Ein Küchentisch. Wir im Halbkreis, zwei Flaschen Rotwein in der Mitte. Ich verberge mein Gesicht hinter der Faust. Wissen Sie, was ich damals gedacht habe? Mir ist das Sehnen abhanden gekommen. Ich, Gelangweilte, habe nur mich selbst und weiß, daß ich daran nichts habe. Ich bin ein Star in der obersten Preisklasse. Darüber geht nichts mehr. Nur mehr Abbau. Wie? Es wird mir schon etwas einfallen. Vielleicht ist es unter anderen Begabten der Gelangweilte, der dieses ins unbekannte, ins unbestimmte Wollen, Müssen so deutlich spürt.

Und schließlich einen Weg findet.

*A*ch Spencer, könnte ich doch nur ein Luftschiff mit dir besteigen, dachte meine Großmutter Theresa, als sie aus dem Kino ging. Der Film hieß Dr. Jekyll and Mr. Hyde und war 1941 gedreht worden. In die Wiener Vorstadt kam er erst Anfang der Fünfzigerjahre. Meine Großmutter war eindeutig in Spencer Tracy verliebt. Meinen Großvater fand sie in Aussehen und Verhalten nicht unähnlich. Den Kinobesuch verschweigend, sagte sie ihm nach Wochen aus heiterem Himmel: »Wenn ich nicht so in dich verliebt wäre, müßte ich nach Amerika fahren und Spencer Tracy suchen.«

Mein Großvater hatte wie so oft nicht zugehört und so auch nicht erkannt, welche Liebeserklärung seine Frau ihm gerade gemacht hatte. Er sagte: »Resi«, mit Spencers Synchronstimme, und stellte ihr folgende Aufgaben: Die mit ein bißchen Honig gefüllten, in einem Ameisenhaufen vergrabenen Flaschen müssen herausgezogen und die Millionen Ameisen darin – mit etwas Spiritus verfeinert – in andere Flaschen umgefüllt werden, um Einreibungsstoff für das zu erwartende Winter-Rheuma zu haben. Die von Heckenrosen abgeschnittenen Früchte müssen geschnitten und getrocknet werden, um für den Herbst den Hagebuttentee zu liefern. Die von Juli bis September gesammelten Eierschwämme müssen gereinigt, geschnitten und getrocknet werden, um die morgendliche Eierspeise zu bereichern.

Die gepflückten Himbeeren müssen in Alkohol getränkt und in Gallonen mit Gäraufsatz angesetzt werden, um den Likör für die Abende mit den Freunden zu stellen. Die an Schulunterricht erinnernden Destillierapparate müssen ständig betreut werden, um den Nußschnaps nach einem schweren Essen als Digestiv bereit zu haben. Die Holunderblüten müssen mit Wasser, Zucker und Zitronensäure in einem Topf schwimmen, damit man den Erfrischungstrunk nach der Gartenarbeit genießen kann.

Das neu angeschaffte Gerät, eine mit Wadenkraft zu bedienende Maschine, muß für so ziemlich alle auf der Donauinsel nähen, um die Zutaten für die Rezepturen anschaffen zu können. Die aus der Wachau gebrachten Marillen müssen zu Marmelade verkocht, die Einsiedegläser mit Papierhäubchen versehen und genau beschriftet werden. Selbstgezüchtete Gurken müssen mit diversen geheimnisvollen, am Brigittamarkt erstandenen Kräutern in Essig eingelegt werden. Die Mohnnudeln müssen frisch gemacht, die Schuhe täglich geputzt, der Ofen gewissenhaft gereinigt, die Hemdkrägen steif gebügelt und die Socken fein gestopft werden.

Ob Spencer Tracy das auch alles von ihr verlangt hätte?

Nach dem Abendessen wurde eine Stunde Karten gespielt. Wenn mein Großvater nach Nußschnaps rief, wurde geschnapst. Wenn er Himbeerlikör verlangte, wurde tarokkiert. Wenn ihm nach Hagebuttentee war, spielten sie Schach.

Meine Großmutter durfte nie gewinnen. Ein schöner Abend ging so zu Ende, daß sie die besseren Karten weglegte, das Gesicht zur Seite drehte, mit einem Augenwinkelblick lächelte und sagte: »Du hast wieder gewonnen.«

Da sie auch zuständig für die Marmeladen, Schnäpse, Gur-
ken und Massage-Tinkturen des gesamten Stockwerks war,
ist sie eines Abends pflichtbewußt beim schrillen Klang der
mechanischen Glocke – als sie theoretisch das Kartenspiel
gewonnen, aber praktisch aus Liebe verloren hatte – auf-
gesprungen, mit dem rechten Fuß auf die Schlaufe des lin-
ken Hausschuhs gestiegen und hat erstmals ihr Gleichge-
wicht verloren. Sie fiel um und stand nie mehr auf.
Bei der Durchsicht ihrer Papiere fand man eine Kinokarte
für den Film Der alte Mann und das Meer, *mit Spencer*
Tracy, datiert vom 1. Mai 1959.
Sie war in den Siebzigern.

In den Achtzigern

Kottan ermittelt. Mabuse kehrt zurück. In Wien beginnt man, altgeformte Eisensäulen aufzustellen, um das Straßenleben zu amüsieren. Es entstehen Ausformungen, Arterienverengungen und sinnlose Breitgefäße, alles reglementiert vom Gußeisen-Wahnsinn. Ein Fiaker-Wien hat sich wohl wer ausgedacht und pflanzt fleißig gegen Parkmöglichkeit, für Verkehrsunmöglichkeit.

Auch Canetti hat man erklärt, eine schöne Stadt: Dem Spazierer bieten wir Spazieren. Dem Sacktuch-Abwerfer räumen wir schöne orangene Plastikbehälter ein. Die Josef-Hoffmann-Gittergefäße werden entfernt. Es könnte ja sonst Frostschutzmittel ausfließen: Aus nicht leergetrunkenen Weinen im Tetra-Pack. Seinerzeit ein Thema.

Trattorias vermehren sich wie umbrische Pilze nach einer Regennacht. Der Vormarsch der Chinesen scheint gestoppt. Die japanische Gastronomie greift zärtlich an.

Das alles interessiert Alfred Hrdlicka nicht. Er reflektiert über Schach, Schubert, Wagner und Glaubensfeind Arnulf Rainer. In einer Spaghetteria im Siebenten Bezirk, als dieser noch nicht der Erholungs-Spittelberg genannt wurde.

Ein Magazinherausgeber äugelt am Nebentisch auf den internationalen Beamten Kurt Waldheim. Und Otto Sander von der Berliner »Schaubühne« erfährt hier erstmals etwas über das männliche Verhältnis von Wagner zu Nietzsche.

Der eigenartige Dichter Michael Guttenbrunner schweigt.
Und denkt an Spuren und Überbleibsel.
Wien, 1984. Manche der am AKH-Skandal Beteiligten
sind verurteilt. Manche werden es nie. Mein Film *Dem
Tüchtigen gehört die Welt*, das reflektierend, ist Schnee
vom letzten Jahr und brachte mir trotz Publikumserfolgs
kaum Weggefährten. Das Schiffchen der betulichen Ver-
netzung flüstert am Webstuhl der 80er Jahre hektisch, hektisch hin und her, feinst sprengelaktiv.
In Österreich empfängt man zwei TV-Programme. Daher
gilt es noch, ab und zu etwas Anspruchsvolles zu produzieren. Die letzte Folge des Kottan, *Mabuse kehrt zurück*,
dürfte aber doch jemandem in der Kehle steckengeblieben
sein. Und so formulierte sich die offizielle Absage: »Die
Filme kaunnst dir in de Hoa' schmieren.«
Rainhard Fendrich singt »Weus'd a Herz hast wie a Berg-
werk …« (Ich verstand es damals als politisches Lied). Es
entstand ein Film.
Bei der ersten Vorführung dankte der ORF-Unterhaltungs-
chef weder dem anwesenden Fendrich, Texter/Komponist,
noch dem Autor und Regisseur, sondern seinen eigenen
Assistenten, also sich selbst. Wir sind mitten im Geist der
Achtzigerjahre.
Ein verirrtes geistiges Dilemma in der Politik spiegelt sich
in mächtigen Wortmassakern. Was niemanden von den In-
dustrie-Managern davon abhält, in den Iran auf Ge-
schäftsreise zu gehen. Und während 1984 der südafrikani-
sche Bischof Desmond Tutu den Friedensnobelpreis erhält, zieht bereits ein leichtes Rechts-Windchen aus dem
Süden über Österreich.
Von Tschernobyl erfuhr ich aus dem Radio. Es muß sich
um einen Geheimsender gehandelt haben, denn die

Bauern reagierten auf meine Warnzeichen mit fröhlichem Winken. Und die Kühe blickten mir mit einem achtblättrigen Kleeblatt im Mund unschuldig zellteilend nach.

In Wien reist die Jeunesse dorée gerade in ferne Länder auf einen mehrmonatigen Urlaub ab. Auch Otto Mühl tat das mitsamt seiner Kommune.

Ich fuhr nach Sarajewo. Es entsteht der Film *Gavre Princip – Himmel unter Steinen*. Die slowenischen und kroatischen Mitarbeiter weigerten sich, in die Hubschrauber zu steigen, die von serbischen Soldaten pilotiert wurden. Neben der Brücke von Mostar baute ein amerikanischer Maler sein Atelier aus. Er erzählte mir, daß er fünfzig Jahre in New York darauf hingearbeitet habe, hier, wo er seine Kindheit verbracht hatte, zu malen. Nichts davon existiert mehr.

Nick Vogel ruft mich aus der Paris Bar in Berlin an und fragt, ob er auf der Durchreise nach Laibach bei mir haltmachen kann. Später, bei der Recherche zu Thomas Pluchs *Dorf an der Grenze 4*, sah ich sein explodierendes Auto. Sein Grab.

Truffauts Lieblingsschauspieler Jean-Pierre Léaud versteckt sich nächtelang im Kasten, weil er die geschrienen Chöre vom Wenzelsplatz nicht erträgt. Prag, 1989. Die französische Produktion will Reales in den Film einfließen lassen. Ich verweigere das. Die Lomographie, eine zufällige Suche nach den Abbildern der Wahrheit, war noch nicht in Mode. Der Film wurde in meinem Sinn abgedreht. Die weibliche Hauptdarstellerin, Birgit Doll, verläßt Prag mit mir im Auto. Ein Lichtermeer.

Der Eiserne Vorhang gefallen?

Ich leite eine lose Trilogie über die Schicksale der Länder

ein, die wir bis dahin in entfernte Dunkelheit verdrängt haben.

Der Kreis der Iris, eine versuchte Antwort auf Ceausescus Bande. *Rochade*, die Entlüftung des Waffenfabrikanten CSSR. Während der Dreharbeiten wird Gorbatschow entmachtet. Moskau brennt, die Co-Partner steigen aus. Michael York und Iris Berben bleiben auf dem gefährlichen Set. In Wien denkt man: Just another Fernsehfilm.

In Frankreich wird der Sarajewo-Film *Gavre Princip* nach der Ausstrahlung wochenlang diskutiert. Hier fragt mich der Intendant, was passieren könnte, würde er ihn senden.

Die Seefahrer wissen, daß Gezeiten einer Ordnung unterliegen. Nach der Ebbe kommt die Flut. Aber wenn man bei dem Spiel, mit den Glücklichen unglücklich zu sein, nicht mitpräferenzt, wird man ausgeschwiegen.

Die Entknotung der Verknotung wird noch auf sich warten lassen. Wer läßt das Schwert sausen? Programme ziehen ins Land. Man kann jetzt in einer Woche denselben Film auf fünf Kanälen sehen. Das gefälligst am Küchentisch abzuhaltende Gespräch wird TV-Talk-Programm.

Die Dichter, die Denker, nicht einmal mehr die Politiker sind die Stars der Gesellschaft. Die Findlinge der Ebbe sind Stars geworden: die Moderatoren. Die Nation wird seelisch bewegt, ob die Sendung X vom Ansager Y, also XY präsentiert wird. Ein neuer medialer Realismus – an der Druckerschwärze ist noch Blut zu riechen, am Film ist noch die Newsfarbe lesbar – wird erkannt und geschätzt.

Das Motto von Fotografen und »Magnum«-Begründer Robert Capa (»Die Wahrheit ist das beste Bild!«) wird unreflektiert zur baren Münze. Aber dieses bare Bild ist noch lange kein Stil. Ein neuer Bundesobmann der FP, ein neuer

Bundespräsident, der Opernball-Besuch eines bayerischen Amigos... Viele Demonstrationen. A große Hetz.

Kippenbergs Ausstellung in Potsdam hat mich so berührt, daß ich wieder zu malen beginne. Seine Landschaft »Ich gehe in den Birkenwald, denn die Pillen wirken bald« hat mehr erzählt als zwanzig Stunden TV-Politgequassel.

Wir bedienen uns willkürlich der optischen Geräte.

Wir sehen alles zu klein, oder wir sehen alles zu groß. Ein Zeichen der Blindheit. Der Witz war doch immer, zwei Augen zu haben. Eines für die Vergangenheit und eines für die Zukunft.

Das Jahr 2000 wird eingeleitet von Kindern, die ins Mikroskop und ins Teleskop schauen. Ich wünsche mir, daß sie mit ihrem Blick diesen Jahrhundertknoten in stiller Weise entknoten.

In der Wohnung über uns lebte ein kleiner schuppiger Mann mit einem fingerdünnen Bein. Wenn er das Stiegenhaus am späten Nachmittag hinunter- und am frühen Morgen hinaufhumpelte, krachte sein Gehstock wie ein Geschoß auf die Betonstiegen. Er hatte meist eine dunkle Brille auf und an manchen Abenden hellhaarige Damen zu Besuch. Die Bewohner des Hauses verwendeten viele Gangstunden, um über diesen Raben Überlegungen anzustellen: »Ein von den Kommunisten unterstützter Schmuggler, ein Praterstrizzi, der wahrscheinlich irgendwo ein andalusisches Freudenhaus betreibt – ein Schwarzmarktschieber besonderer Art ...«

Auf dem großen Areal der Siedlung war ein einziges Auto geparkt, schwarz mit gelben Sitzen. Das gehörte natürlich dem Raben. Eines Tages stand er im Wohnzimmer meiner Eltern. Er hatte gehört, daß sie einen schwarzgrauen Marmonkamin besitzen, und er hatte auch gehört, daß sie in einer finanziellen Notlage seien.

Wie gut hören Raben?

Meine Eltern haben ihm den Kamin verkauft. Ab dann stand dort, wo ich immer die Hände auf die warme Marmorplatte gelegt hatte, ein russischer Elektroofen, der nicht heizte.

Aus dem Fenster gesehen, verlud der Rabe die schwarzgrauen Marmorplatten in sein schwarzgelbes Auto.

Dreißig Jahre später sah ich auf einer Antiquitätenmesse meinen Kamin, angepriesen als besonderes Art-Deco-Stück, wieder. Natürlich war der Marmor kalt, und ich mußte meine Hände rasch zurücknehmen, weil auf dem Sims eine zerbrechliche Alabasternacktheit lag – mehr wert als alles unter ihr.

Die Verwunderungsspieler

Was ist das? Im Vordergrund eine zarte, sehr junge Frau von einem grauenerregenden Monster bedrängt. Ihr weißes, natürlich durchscheinendes Kleid und ihr langes, natürlich blondes Haar fliegen im Sturmwind. Dahinter ein bizarr-felsiger Berg und auf dem Berg natürlich ein Schloß. Es sitzt auf den Zacken wie ein Ungeheuer. Alles ist blau beleuchtet, nur am Firmament ein bedrohlicher roter Schimmer.

Ein Bild aus Coppolas Film *Bram Stoker's Dracula?* Richtig.

Oder die Umschlagbilder von Hunderten Taschenbüchern in den Regalen von Buchläden in Flughäfen oder Supermärkten? Auch richtig. That's Gothic Romance.

Was haben *Blue Velvet, Wild at Heart, Black Rain, Batman* und *Dracula* gemeinsam? Gothic Romance.

Diese Filme sind ein Revival, besser gesagt eine Art Mistel des schwarzen Kinos, des Film noir.

Was ist das? Ein schwergewichtiger Italo–Detroit–New Yorker mit runden Staun-Augen und ein walisischer Hypnotiseur, die der Oscar verbindet? Richtig. Francis Ford Coppola und Anthony Hopkins.

Coppola hat sich geschmückt mit einem verschwommenen Jersey-Hemd, blauen Hosenträgern und Jeans von Big und Tall. Ein knuddeliger Bär, dem das Pesto vom mittäglichen Risotto noch in den Bart geschrieben ist.

Hopkins hat sich auch geschmückt, mit der britischen Version eines grauen Nadelstreifs, in dem er sich wie in einer Zwangsjacke verfangen hat, mit einer knisternden Faltenkrawatte und einer Uhu-Hornbrille, die die Augen des grauen Stars noch manischer wirken lassen. Wenn er seinen Kopf dreht, wirkt diese Bewegung wie die eines neugierigen Steinbocks mit Sternzeichen Steinbock und Steinbock im Aszendenten. Aber Achtung!

Nichts ist so wenig grau wie ein grauer Steinbock.

Die beiden verbindet die Gelassenheit von Weltbekannten, die ihre Krisen durchlebt haben und von den Niederschlägen noch gestärkt wurden. Sie dürfen jetzt die Illusion vor sich hertragen, daß ihre Sinne und Entscheidungen ausschließlich in ihrem Besitz sind. Ich stelle mir die Frage über die Tugend des Narzißmus. Sie leben zwischen lobpreisenden Rosenwerfern und streng rechnenden Handlungsgehilfen sowie gut gemanagten Organisationen, denen das Geld in besseren Zeiten selten ausgeht, die aber in schlechteren Zeiten alles brutal zurückverlangen.

Eine Rosenwerferin betritt den Raum und ißt vor Begeisterung über ihren Job abgesplitterten Nagellack.

Coppola und Hopkins haben bei ihren ersten Spielen viel eingesetzt, umso schwieriger wurde es, ein neues Spiel zu machen. Jetzt ist das Spiel berechenbar geworden. Das Resultat heißt: Erfolg, großer Erfolg oder totaler Erfolg.

Angekündigt mit den Schlägen der großen Trommel. Mit den lustigen oder traurigen Ecken unserer Wirklichkeit hat das – ich muß es bei jeder prickelnden Berührung unserer Fingerspitzen feststellen – nichts zu tun. Mit dem verdienten Geld aus *Godfather III* hat er seine *One from the Heart*-Schulden abbezahlt. Damit begann die Metamorphose. Auch klar. Die Last seiner Vergangenheit gibt ihm die Leichtigkeit, ins Märchenfach zu wechseln. Der durchlebte Druck gibt den hohen Schwung, dieses Genre ausgelassen zu beherrschen. Die wilde Ausgelassenheit und das perfekt Zuverlässige gehören zusammen.

Coppola atmet eine Prise Pfeffer aus und stellt fest, daß er nach *Dracula* wieder reich ist.

Billy Wilder hat gesagt: »Entweder erzählst du eine einfache Geschichte vor einem komplizierten Hintergrund oder eine komplizierte Geschichte vor einem einfachen Hintergrund. Am besten, du erzählst eine einfache Geschichte vor einem einfachen Hintergrund.«

That was a long time ago.

Coppola drehte eine sehr einfache Geschichte vor einem sehr, sehr komplizierten Hintergrund. Perfektion, die sich an den totalen Sinnesbetrug hält. So wie die »Goldene Kutsche des Königs«, die man nur einmal im Jahr sieht. Die, von acht Pferden gezogen, durch die Stadt jagt, begleitet von Fanfarenmusik. Wo es aber egal ist, ob der König drinnen sitzt oder nicht. Ein getimetes Verhältnis von der Neugierde der Zuschauer und der Wahrheit.

Das Tempo ist wichtig. Die Kutsche muß rasen.

Der Beginn meiner Arbeit ist eine Idee.

Der Beginn von Coppolas Arbeit ist das Schaffen eines Phänomens. Das ist etwas ganz anderes. Unsere Identität ist: »Das nächste Mal, irgendwie wieder.«

Das Phänomen ist die Goldene Kutsche, die mit Zuverlässigkeit vorbeikommt, von der wir aber nicht genau wissen, wann und wie sie sich präsentiert. Die Galerien werden jedenfalls zeitgerecht aufgebaut. Die Fenster- und Logenplätze bestimmt und verteilt. Die Straßen müssen gründlich gesäubert werden, denn stürzt ein Pferd oder fällt die Kutsche, ist es mit dem Phänomen vorbei.

Die Freude über das Seltene ist sehr absonderlich. Passiert eine Panne, beginnt der Meuchelmord der Neugierigen. Das Risiko eines Fehlers gilt es daher auszuschließen.

»Der Schluß des Films wurde in verschiedensten Variationen nachgedreht und getestet«, sagt Coppola mit mächtigem Schnauben und den Handbewegungen einer italienischen Mama. Es ist absolut nichts Kokettes an Coppola, wenn er über die Superlative spricht: Die Kosten, die Studiobauten, die Ausstattung, das Kostümdesign, die Make-up-Effekte, die visuellen, mechanischen, phantasievollen Effekte, die drei Filmteams, usw. Ein Mann, der eben weiß, wie das Verwunderungsspiel funktioniert. Ist der Schweiß der österreichischen Regisseure der Cappuccino ihrer Kritiker, dann ist der Schweiß von Coppola ein raffinierter Softdrink für die Massen. Und er ist mit Recht stolz auf sein »flavour«.

Die »independent« – wie er meint – europäischen Regisseure beneidet er mit Bewunderung. »Die dürfen um zwei Millionen Dollar einen Film machen.«

Daß diese Filme niemand sieht, verwundert den, der die Spielregeln so genau kennt. Also verarscht er mich. Aber es ist dennoch nichts Kokettes an Coppola. Er besitzt den Schlüssel zu unserer Bank und berichtet vom Leben auf einem anderen Stern.

Es ist auch nichts Kokettes im Lächeln des »Commander of the Order of the British Empire«, Anthony Hopkins, der seine späte Steinbock–Karriere schlicht als Glück bezeichnet. Natürlich sagt er das, weil er müde ist; weil es eine schnelle und kurze Antwort ist, über die man stolpert und auf dem Mund fällt. Er sagt: »Nur Glück«, weil es ein Schwindel der Gewohnheit ist. Ein Schwindel, weil man unverändert derselbe sei, das unverändert selbst sagt und dabei weiß, daß man doch sehr verändert worden ist.

Natürlich ist Hopkins nach der Begegnung mit der Figur des Dr. Hannibal Lecter in *Das Schweigen der Lämmer* ein anderer. Seit er das Abbild seines Gesichts auf den gigantischen Billboards am Sunset Boulevard angestarrt hat. Aber er sagt ganz einfach: »Nur Glück«, weil er ein Kenner der Shakespeare-Dramaturgie ist – die ihn, wie er auch sagt, »langweilt« – und weil er weiß, wie Caesar »Glück« gemeint hat, als er zum Fährmann sagte: »Du fährst Caesar und sein Glück!«

Nach Dr. Lecter begann Hopkins' Metamorphose. A star was born. Mit fünfundfünfzig Jahren. Es ist auch nicht kokett, wenn er sagt: »Ich tue alles, wofür ich bezahlt werde. Ich denke nicht daran, für die Kunst zu leiden. Ich halte Method Acting für dummes Zeug. Ich lerne den Text auswendig, atme ein, und beim Ausatmen lasse ich den Text wieder heraus. Wenn ich die Focusmarken am Boden beachte, ist es egal, was ich denke. Die Geschichte, die vom Regisseur erzählt wird, lenkt mich wie eine Schiene.«

Sein Gesicht leuchtet bei soviel Spaß an der Enttarnung des Berufs auf. Ich frage mich, warum heute die Zelle des manischen Mörders Dr. Lecter leer ist.

»Ich stelle den Charakter an und wieder ab. Das künstlerische Getue kann ich nicht ertragen.«

Hopkins kennt ganz einfach das Prinzip von der Goldenen Kutsche des Königs. Und er weiß, daß er als Spieler ein zuverlässiger Mitspieler sein muß.

Seine Begabung, sein Können braucht er nicht mehr auf seine knisternde Faltenkrawatte zu sticken. Die Zeit und die Geschichten der Zeit und damit die Filme über die Goldene Kutsche kommen seinem Selbstporträt entgegen.

Ein reizendes, sympathisches, diskretes, zuvorkommendes, rücksichtvolles Bild, das er da gemalt hat. Ein Meister, dem die Untätigkeit schlecht bekommt.

Ein Mäuseweibchen mit Löwinnen-Mähne und Trompeten-Stimme überreicht mit mikadostablangen Nägeln ein Fax. Die Einspiel-Ergebnisse aus den USA.

Coppola summt leise vor sich hin, wie einer, der das Mord- und Totschlag-Spiel gewonnen hat. Dann versteckt er das Fax wie ein kleines, weißes Kätzchen an seinem Körper.

Er beugt sich zu mir: »Es ist zwei Jahre Arbeit vergangen. Ich bin zwei Jahre älter geworden und ich habe einen Erfolg geliefert. Wie viele Filme kann ich noch machen? Ich habe wieder genug Geld, um darüber nachzudenken.«

Eine Input-Output-Frage. Klar, die Kutsche muß für den nächsten Auftritt präpariert werden. Sie muß funkeln, wenn sie losrast.

Die beiden schauen sich zärtlich an wie Pilgerin und Pilgersmann. Sie fühlen sich stark und ewig. Mir aber kommen sie vor wie zwei glückliche Verwunderungsspieler, die sich in Draculas verwandelt haben. Eine Art von ewigem Leben ist ihnen garantiert.

*M*eine dicke Freundin Monika spielte am liebsten mit älteren Buben, und weil sie sehr temperamentvoll war, hatte sie oft Schwindelanfälle. In solchen Situationen stieß sie an Häuserkanten, Banklehnen, Mülltonnen, Teppichklopfstangen oder sogar an ein Ringelspiel.

Da sie aber nicht nur manchmal Schwindel hatte, sondern meistens auch eine große Schwindlerin war, sagte sie im Zustand der Blutleere: »Ich schummle nur, mir geht es gut.«

Das Anstoßen und Niederfallen bewirkte große blaue Flecken, die, anders als bei anderen stürzenden Kindern, nach ein paar Tagen nicht verschwanden, sondern immer dunkler und größer wurden, wie plattgewälzte Zwetschken.

Der Arzt in der Siedlung, der viermal am Tag durch den Park spazierte – um siebenuhrdreißig früh, um zwölfuhrdreißig, um dreizehn und um achtzehn Uhr –, erspähte meinen dicken Maikäfer mit den großen schwarzen Punkten weinend auf einer Parkbank. Er setzte sich die schmale Brille auf, zog ihr den Rock etwas in die Höhe, kniff die Augen zusammen, bis sie gelbe Bohnen waren, wiegte den Kopf, wollte etwas sagen, entschied sich aber für rhythmische Zischlaute, die kleine Tropfen auf seiner Unterlippe erzeugten. Als er so dastand, sah er aus wie ein magersüchtiger Heinz Rühmann.

Als die dicke Mutter meiner dicken Freundin einmal in seiner Ordination war, um mit diversen sacht vorgetragenen Erkrankungsvorwänden Rezepte zu sammeln und ihre Hausapotheke aufzurüsten, sprach der Arzt, diesmal ohne Zischlaute von den dunklen Flecken auf Monikas Körper, und um der Sache Gewicht zu geben, wechselte er im Laufe des beratenden Gesprächs von »Flecken« auf »Beulen«. Die dicke Mutter meiner dicken Freundin war beunruhigt und beunruhigte noch am selben Abend den dünnen Vater meiner dicken Freundin.

Der Doktor beruhigte sie, indem er versprach, die schummelnde, schwindelnde Monika medizinisch genau zu beobachten. Wann immer er sie bei einem seiner täglichen vier Gänge durch den Park erspähte, blieb er steif wie ein Besen stehen und winkte mit seinem dünnen, langen Doktorfinger meine dicke Freundin zu sich. Dann mußte sie sich auf die Parkbank stellen, das Kleidchen ausziehen, und der genaue Doktor zog mit einem Kugelschreiber Kreise um die dunklen, dünnen Hautstellen. Auf die äußere Seite des Kreises schrieb er, bei dieser Tätigkeit wieder zischend, das Datum der Untersuchung. So wollte er eine Zeit- und Raumberechnung über die Ausweitung dieser besonderen Blutergüsse erstellen. Bald sah meine dicke Freundin wie eine astrologische Zeichnung aus.

Nach einem Sommer wurde dem Doktor klar, daß er mit dieser Entdeckung und Berechnung nicht in die Geschichte der Medizin eingehen würde, und sein Interesse an der feinen Haut meiner Freundin verging.

Als der dicke Körper meiner Freundin einen kleinen Busen bekam, verschwanden der Schwindel und die blauen Flecken. Nur das Schummeln ist ihr geblieben.

Einen Augenblick später ...

Es war Kriegsende, auf dem Augustbeton lag eine fun-
kelnde, rote Scheibe in der Größe eines »Sechsers«, dieses
Halbgroschens, mit dem mein Vater eine Zigarette an-
zahlte. Ich hob das Ding auf und untersuchte es. Nie zuvor hatte ich so etwas gesehen. Ein Wabenmuster, rot,
durchscheinend, von einem Blechring gefaßt. Ich hielt es
wie eine Lupe vors Auge. So gesehen fast durchsichtig. Alles rot, alles in Waben eingeteilt. Ein Monokel, das die gerade Piste der Donau zu geometrischer Lava formte. Ein
Tempelhüpfmuster für Weltmeister. Und Tempfelhüpfen
konnte ich, wie ein Weltmeister auf mit Kreide gezeichneten Feldern. Mit einem verlorenen Fahrradstopplicht vor
dem Auge.
Das Katzenauge verlieh mir einen »O Herr, er will mich
fressen«-Ausdruck, und meine Spielkameraden begannen,
sich zu fürchten. Vor mir? Dem sich alles im Kreis drehte.
Dieser Rückstrahler wurde der Motivsucher bei der Wahl
meiner Gedanken. Er zeigte mir die Verzerrung des Nah-
bereichs und die Plastizität des Hintergrundes. Er zerlegte
Formen und stellte die wesentliche in die Mitte. Ich sah
Szenen in vielen Scheiben und konnte mich für eine entscheiden und sie vergrößern. Ein Sextant, der dem Murks
etwas Besonderes abgewann und der das »So soll alles all-
gemein und endgültig zu sehen sein!« verneinte. Einspruch blinkte und warnte. Das Hexagon blieb bei mir und

liegt griffbereit in einem Karton mit den anderen wichtigen Requisiten meiner Reise.

Einen Augenblick später.

Ich stand in einem runden Innenhof. Die Häuser waren vierstöckig und hatten kleine Fenster, aber kein Gesicht. Im Gegensatz zu den Formen, die ich male, waren es starre Steinwälle mit Schießscharten. Ab und zu ein gezogenes Zischen. Dann ein Sandregen, wenn die durch Granattreffer verwundete Fassade auf den Beton des Hofes fiel. Das war mein Hof, mein Zuhause. Hier habe ich alles zum ersten Mal gesehen und erkannt. Auch das Sonnenlicht, das den Ausschnitt beleuchtet und den Rest im Dunkel läßt. Diese unermüdlich angespannte Sprungfeder in mir, die sogar die Erschöpfung mißachtet. Hier sollte meine Jagd beginnen, der Blick auf diesen Hof sollte mich bestimmen.

In dem von den Dächern begrenzten rechteckigen Ausschnitt Himmel ertönt ein Grollen. Die Bewohner des Hofes stürzen in die Keller. Bomben! Bomben? Ein gelernter Reflex. Ich blieb stehen, klemmte mir das rote Monokel vor das Auge und blickte nach oben: schwarze, dicke Flugzeuge. Das Echo ihres Brummens war ein Taifun. Ich kniff das freie Auge zu und erkannte einen sechsköpfigen Piloten, der mir mit sechs Händen zuwinkte. Ich winkte zurück. Sechs Luken in sechs Flugzeugen öffneten sich. Es begann zu regnen. Sechsmal viele dicke Tropfen bewegten sich auf meinen Hof zu. Erst ganz langsam, dann immer schneller. Es prasselte auf den Beton, es trommelte auf meine über dem Kopf verschränkten Hände. Kleine Tüten aus elastischem Material tanzten auf dem Beton wie Sommerregentropfen auf dem Wasser. Es war Lebertran, in Gummibriefchen verpackt – und die gesamte Spende gehörte mir. Lebertran schärft den Blick.

So erkannte ich noch einen Augenblick später, daß es nur zwei Gebäude auf der Ringstraße gibt, die sich nicht zur Straße orientieren, sondern sich über einen quadratischen Raum hinweg gegenüberstehen.

Grund genug, sie zum Ort meines Schulschwänzens zu machen. Dort waren die Räume, in denen ich mit Teleskop und Mikroskop sehen gelernt habe, was andere Sehende verewigt haben. Das Kunsthistorische und das Naturhistorische Museum. Jausenbrot kauend ließ ich mich von den lasurgemalten Portraits hypnotisieren, tauchte mit Hilfe meines Hexagons in die Ausschnitte der Sittenbilder ein, bis ich ein Teil des Geschens war, der Gefolterte, der lüsterne Jäger, der Gepanzerte in einem riesigen Heer. Die Museumswärter wurden meine Freunde, und ab und zu gab es in ihren Aufenthaltsräumen Milchkaffee. So bevorzugt, durfte ich das von mir so genannte Atemspiel spielen: ich blickte einer niederländischen Schönheit oder einem italienischen Jüngling ganz nah am Bild stehend so lange ohne zu zwinkern in die Augen, bis ich den Atem aus dem gemalten Mund spürte. So gesehen war es sicher die Kraft des Lebertrans, die das Wunder vollbrachte, Abbildern Atem zu geben.

Ich mußte den Spuk beenden, nachdem ich einer Infantin – einem sinnlichen und undatiertem Mädchen, auf einer kleinen Holztafel gemalt – durch magisches Hinstarren ein Lächeln abrang, das Bild von der Wand nahm, in die Schultasche stecke und mich von meinen Freunden, den Wärtern, verabschiedend das Museum verließ. Auf der Plattform des Ringwagens schaute ich nach meinem Schatz. Ihr Blick war bitter und hart geworden. Eine halbe Stunde später hing sie wieder an ihrem Platz. Ab diesem Moment besuchte ich die Großen nicht mehr und ging auf einen

Wochenrundgang ins Naturhistorische, um ins Gesicht der Primitiven zu sehen. Ihr Atem drohte mich zu verschlingen.

Die Schulvormittage gehörten ab nun den sich bewegenden und sprechenden Bildern.

Ich wurde Dauergast der Tageskinos. Ich verliebte mich in das millimetergenaue Ballett ophülsscher Filmauflösungen in *Lola Montez*, in die exakte Frisur von Rock Hudson, in die Sommersprossen von Shirley McLaine und in die Mutternummer von Julie Andrews.

Kurzum: vielleicht gibt es ein Sattsehen. Ich bin dafür nicht zuständig. Aber es gibt sicher kein Zuvielsehen. Schön ist es, das Sehen zu teilen. Erholend aber, ohne Mitseher kleine Bereiche zu erkennen. Dieses Sehen, wie man sehen will, ist die Grundierung meiner Malfläche. Manchmal gelingt mir ein mittelmäßiges Monatsbild, manchmal aber Monogramme aus dem Stundenbuch. Ein hektisches Blättern untertags, und am Abend, wenn das Licht für die Arbeit zu rot wird, liegt eine Sammlung von unwiederholbaren Strukturen vor, die ich nicht zur Technik erklären kann. Unbelastet von Blicken über meine Schulter erquäle ich mir die nächste Oberfläche, erlebe das Belohnen und die Enttäuschung wie ein Hampelmann. Ohne die Bewegungsabläufe steuern zu können und ohne zu wissen, wer mich treibt, indem er an den Bändern zieht. Ich werde überrascht von abspringenden Teilen aus leuchtender Farbe. Farbfeldmalerei, die atmet. So könnte man das sehen.

Das Wackeln eines Adam ist das bedeutendere Bild – aus das Schwanken in unserer Haltung.

Im Filmschneideraum hängt das Plakat des Film *Welcome to Vienna*. Es zeigt den Kopf von Rudolf Hausner, das Kinn angehoben, der Blick rutscht über den Nasenrücken in die

Augen des Betrachters. Über ihm eine grüne Glaslampe, eingesetzt in Büros oder bei Verhören. Eine kräftige Kombination, wohl eine Übereinstimmung von Erfahrungen. Auf einem Parkplatz übergab mir Hausner einmal einen »Adam, warum wackelst du?«. Das Blatt hängt neben einem anderen Künstlerportrait: Giacometti, kurz vor dem Tod, den Kopf in die Hand gestützt, zwischen Zeige- und Ringfinger verglüht eine Zigarette, die Augen geschlossen, eine tiefe Besorgnis. Ich möchte nicht missen, ihnen ins Gesicht zu schauen.

Wir haben Freunde, die sich um diese Welt kümmern und die den Zustand ihres Befindens sich erlauben mahnend abzubilden. Eine Aufgabe. Im Kontrast zu den Grinsern, die die Welt in den Arsch schicken. In einer Welt der Überfröhlichen sind ernste Köpfe rar geworden. So hat für mich Hausner ein wunderbares Leben lang den Medusenkopf gemalt – und manch andere teilten dabei seinen Tisch und seine Flasche.

Als Kind konnten wir immer noch in einen Stein, in eine Wolkenbank, in eine Holzmaserung Figuren und Geschichten projizieren. Als ich als Fünfzehnjähriger zum ersten Mal bei Rudolf Hausner im Atelier angetreten bin, hat er mir die Geschichte seiner Eingeschlossenheit in der Tatra erzählt. Keine Kindergeschichte, eine Kriegsgeschichte, seine Projektion. Ein Stück altes Holz und das darauf Lesenkönnen veränderten seine Malerei.

Der Geruch von Terpentin, Damarfirniß und »Austria 3« hat mich nie verlassen. Ich kann nicht über die Friedensbrücke oder am Kai entlangfahren, ohne an die Zeit im Hausner-Atelier Grundlgasse zu denken. Wenn ich in der Stille des Malens beobachtete, daß die Zigaretten zu Ende gingen, und aufstand, um in einem Kaffeehaus welche zu kaufen, um rechtzeitig da zu sein, wenn die letzte aus der Schachtel gezogen wurde, war ich, für mich, beteiligt am Bild.

Das Matrosenhemd hatte er in Wahrheit nie abgelegt, ob ich ihn auf Nachtzügen oder in Flugzeugen oder an gedeckten Tischen wiedergetroffen habe. In Gedankenfetzen und Wortstürmen hielt er auch im Flanell das Steuerrad in der Hand, den Kurs auf die Seele seiner Gesprächspartner gerichtet.

Kaum spöttisch, viel verstehend, lieber schweigend als verletzend. Vom Matrosen zum Kapitän mit der Erfahrung, ein Ruderboot in Wien bestiegen und damit die Welt umsegelt zu haben.

1961 fuhr er im schwarzen Rolls-Royce vor dem Werkzeugschuppen am Weingarten meiner Eltern vor, um zwei verängstigte Menschen davon zu überzeugen, daß ihr Kind als Bilddenker begabt sei. Ein Jahr später eröffnete er meine erste Ausstellung im Keller des Café Prückel.

Aus dem Gefängnis des Fliegerhorsts in Langenlebarn schrieb ich ihm einen Brief, in dem ich fragte, was der Unterschied zwischen den zappelig gemalten Stäben bei Félix Labisse und seiner exakten Formulierung des Zentimeter- und Zollstabs sei. Seine Antwort war eine Postkarte. Auf der Bildseite ein Adam mit Matrosenhut, ein weiter, in die Ferne gerichteter Blick. Auf der Rückseite eine Zeile: »Und Lucio Fontana schlitzt die Leinwände.«

Nie mehr habe ich einen Künstler über Künstler befragt.

So wie er bei der Eröffnung meiner Ausstellung in der Galerie am Klosterstern in Hamburg geschwiegen hat, weil er zu meinen Bildern offensichtlich nichts zu sagen hatte. Wie kann es auch anders sein? Links der Friedensbrücke, flußabwärts gesehen – also im Zwanzigsten Bezirk – tobte

Pastosität der Farbe. Ein Wiener Beginn der abstrakten Malerei.

Rechts aus aller Welt herbeigeeilte Surrealisten, die das Phänomen »Strohkoffer« zu ergründen versuchten.

Die Brücke über den Donaukanal zu überschreiten war, wie den Ganges zu durchschwimmen. Dreißig Meter Luftschwimmen, Stilistikkurs, Erschöpfung und Fragezeichen, aber Neugierde auf das andere Bild. Ich habe Rudi Hausner nie erzählt, daß ich seine »Austria 3«-Zigaretten meist – laufend diese Brücke überquerend – aus den Beiseln des Zwanzigsten Bezirks geholt habe. Es war auch nicht wichtig. Hauptsache, er konnte, ohne den Adam zu verlieren, weiterarbeiten. Wenn er den feinen Dachshaarpinsel auf dem Maltisch abgelegt und die Bewegung seiner Hand sich zu der grauen Zigarettenschachtel verlängert hatte, war sie wieder voll. Der Tisch blieb gedeckt.

Ein Taktschlag für eine Art zu malen, wie es sie nicht mehr geben wird. Komplette Komposition, kein zu verlängerndes Rezept, aber Achtung! Adam ist angekommen, und die Menschen auf beiden Seiten des Tisches unter der grünen Verhörlampe müssen sich schätzen und lieben, so, wie Adam es wollte.

8. Jänner. Es ist stürmisch.

Es regnet, und es war finster wie um Mitternacht, obwohl es erst Nachmittag war. Der Sturm, der Regen und die Finsternis tanzten durch den Kamin und zerstörten die Ordnung, mit der die Malerei beginnt. Ich hatte einen Scheinwerfer auf die Leinwand gerichtet, die am Boden lag, und eben Strukturen mit einer Acrylmasse gesetzt. Nach dem ersten gelungenen Zeichen rauchte ich und sprach Belohnungsworte zu mir.

Jemand klopfte an der Holztür. Die Tür war ohnehin offen, also schwieg ich. Das Gesicht eines etwa Siebzigjährigen tauchte auf. Die Erscheinung des heiligen Franziskus in Arles.

»Darf ich?«

Ein durchnäßter Mantel, ein Hut, in dessen Krempe das Wasser stand, in der Hand ein Regenschirm, mit dem er bei jeder Bewegung etwas an- und umstieß.

»Entschuldigen Sie, ich wollte durch den Wald, um den Weg nach Florenz abzukürzen. Dann dieser Regen … ich sah das Licht in der *capanna*. Kann ich hier warten, bis das Unwetter vorüber ist?«

»Bitte. Etwas Wein?«

Er schenkte sich aus meiner Flasche in mein Glas ein und trank.

»Aha, Maler«, sagte er, zeigte mit dem Schirm Richtung Malgründe und zwinkerte mir mit seinen blitzenden Augen zu.

»Meine Form von …«

Als könnte er Gedanken lesen, fiel er mir ins Wort: »… Arbeit. Eine Arbeit, bei der man aufs Trocknen der Farbe warten muß. So wie ich jetzt raste, bevor ich weitergehe. Ich muß nämlich zu einem wichtigen Termin nach Florenz. Heute ist doch der 8. Jänner?«

»Ja, heute ist der 8. Jänner.«

Ich blickte auf die auf mich wartende Leinwand. Wieso war ich eigentlich nicht ungeduldig in dieser Phase der ersten Zeichen? Der Alte zog jetzt mit der Spitze des Regenschirms vor meinem Gesicht kleine Kreise. Er grinste.

»Ihre Bilder gehen jetzt am Denken entlang. Sie wollen nicht mit mir sprechen. Sonst würden Sie ihre Bilder ausschalten. Sprechen und denken Sie mit mir, geht Ihnen das Bild verloren. Stimmt das?«

»Das stimmt.«

»Ich habe das von meinem Meister in Assisi gelernt«, sagte er zwischen zwei großen Schlucken aus meiner Flasche und meinem Glas, und ich wunderte mich, warum mir warm wurde, als er trank.

»Später wurde Schweigen meine Leidenschaft. Wenn man so auf einem schwankenden Gerüst liegt und die Kuppeln bemalt, macht ja auch der offene Mund keinen Sinn, es rinnt nur die Farbe hinein. Außerdem, wenn man malt, müssen alle Sinne in die Augen. Da ist fürs Hören kein Platz. Außer natürlich ab und zu. Selbstgespräch, Belohnungsworte.«

»Sie haben Fresken gemalt?«

»Nicht der Erwähnung wert. Wie spät ist es? Mitternacht oder Nachmittag? Hauptsache, ich bin gegen sieben Uhr in Florenz.«

Jetzt näherte sich die Spitze seines Regenschirms meinen nie fertig werdenden, an der Wand lehnenden Bildern.

»Was sind diese dunklen Spuren? Schatten der Wahrnehmung? Verlorenes Gedächtnis?«

»Ein Medium unter anderem. Ein Film, ein schneller Schattenwurf.«

Der Alte setzte sich mit krachenden Knochen kichernd auf meinen Sessel. »Hat ein Bild etwas mit schnellen Entscheidungen zu tun? Schnellen Linien, schnellen Flächen? Eine wunderliche Zeit, in der Sie leben. Alles ist erlaubt, und alles ist richtig. Wie spät ist es? Ich habe mit Tempera auf Holz gemalt, und nur, was ich gesehen habe. Es ist egal. Mein Gang nach Florenz ist unvermeidlich.« Der Alte sprang auf: »Ich habe hell-dunkel praktiziert, bis meine Augen brannten, und der byzantinischen Tradition eins ausgewischt.«

»Hell-dunkel, gold und schwarz? So wie die ›Madonna auf dem Thron‹ in den Uffizien?«

»Uffizien? Ich werde mich doch nicht in Ämtern bewegen. Nein, die hängt in der Kirche Ogni Santi.«

Der Sturm und der Regen hatten nachgelassen. Es zitterte nur mehr das Seidenpapier auf dem Arbeitstisch, in dem das Bütten eingeschlagen war. Ich hatte gedacht, ich würde ein Bild malen. Jetzt stand ich da, und er hatte mein Glas.

Mit dem Regenschirm voran bewegte sich der Alte auf den in eine Mauernische gestellten Fernsehschirm zu. Ein Stich auf den Knopf, ein Bild erschien. Er blieb regungslos stehen. Pastellgesichter nickten sich zu. Der Alte zuckte: »Woher kommen die?«

»Sie sind erfunden. Personen, Ereignisse, Gefühle – alles erfunden.«

Ins Geräusch des Knopfdrucks höre ich: »Wozu denn?«

So wie er gekommen war, war er weg. Der Sturm hatte sich gelegt, und der Regen war nur mehr als Schimmer auf den Fensterscheiben zu sehen. Ich nahm ein paar Bücher zur Hand, oft durchblätterte Kunstbände, markiert von farbverschmierten Daumen und Zeigefingern.

»Hell-dunkel. Gold-schwarz. 8. Jänner?«

Als ich um sieben Uhr abends aufwachte, war der Himmel schwarz und klar, mit goldenen Sternen. Der dicke Boden der Weinflasche vergrößerte wie eine Lupe eine Zeile in dem Buch, über dem ich offensichtlich eingeschlafen war.

»Giotto di Bondone, gestorben am 8. Jänner 1337 in Florenz.«

Einmal noch zurück …

Auf dem Tafelbild »Galileis Prozeß« – von einem unbekannten Meister der italienischen Schule des siebzehnten Jahrhunderts gemalt – sind alle Möglichkeiten von Inszenierungsabläufen dargestellt. Von der Übertreibung bis zum kalten Blut, von der Farce bis zum Naturalismus.

Die Hysterie im Drama und in der Komik sind den Anwesenden ins Gesicht geschrieben. Die Pokerfaces der rotbekleideten Mannschaft auf der Geschworenenbank stoppen die Brandung der Gefühle, verdichten die Spannung, die zurückschlägt auf das Gesicht des Angeklagten Galilei, der über die linke Schulter zu dem Betrachter – also in die Kamera – blickt. So! Das Modell der Vielfalt und ihrer Ordnung ist erstellt. Damit kann man Filme machen.

Eine Regieformel? Natürlich nicht. Denn wer nicht spürt, kann nicht anwenden. Wissen und Analyse sind eben nur ein Teil: von wem erfährt man das Unsichtbare? Wie erkennt man den Zaubermantel? Wann wurde er einem angezogen?

Um klar zu machen, wieviel das mit meinen Malgründen zu tun hat, muß ein neues Bild her. Eine graue Straße im Zwanzigsten Bezirk. Die Zeit: Mitte der Fünfzigerjahre. Fasching. Der einzige Farbfleck in der Straße ist ein Papiergeschäft mit zwei Bewohnerinnen, runden Frauen in grün glänzenden Arbeitsmänteln, mit dem Geruch von Radiergummi und Tintentod, zwei außerschulische Feen.

Gegenüber meine Volksschule, beherrscht von einem anderen Weichtier in schwarzem Arbeitsmantel aus dem Haus der alten Sprache: meine Volksschullehrerin, die mehr verdient hätte, als eine Rasselbande zu erziehen; die hätte der Lehrkanzel »Humor« vorstehen sollen. Ihr Boykott des Lehrprogramms erhitzte den Kopf sogar der dümmsten Schüler. Rund und gelenkig zeichnete sie Fabelwesen auf die Tafel, die nie auf der Arche Noah gewesen sind. Sie liebte das Frühjahr und den Herbst, den Rest des Jahres bezeichnete sie als »nichts Neues vom Himmel«. An den Frühlingsvormittagen blickte sie mit schiefgelegtem Kopf aus dem Fenster auf die Baumkronen und summte jenseits der Klasse in slawischem Singsang Kinderlieder. Dann war sie die Jüngste von uns. Im Herbst zählte sie die vom Baum fallenden Blätter und wirkte wie eine Greisin.

Ab Jänner galt jede Aktivität dem Klassenfaschingsfest, ab da führte sie Buch über die Vorstellung ihrer Schüler, in welcher Verkleidung sie erscheinen würden. Nichts sollte dem Zufall überlassen sein, so wie die leichteste Inszenierung, die Wirkung der Improvisation nur ein Resultat der Genauigkeit sein kann. Das ABC rückte in den Hintergrund, das Einmaleins rechnete sie nur mehr in bezug auf die Tage, die noch vergehen mußten, um die Zeremonie einzuleiten. Lehren war egal, sie wußte ja, wer lernen will, lernt, und wer nicht will, lernt später. Ich wollte lesen lernen, sie sagte: »Lern später, Peter. Denk an dein Kostüm.«

Ich wollte rechnen, sie sagte: »Rechnen ist Silber, verkleiden ist Gold.«

Ich war in ein dickes Mädchen verliebt; vielleicht war ich nur verliebt, weil sie in mich verliebt war. Sie war nicht nur die Größte der Klasse, sondern auch die Stärkste. In Raufereien der Buben mischte sie sich mit dem Körper ein, eine Schiedsrichterin mit Druck und Masse. Ich bestimmte, daß sie meine Partnerin sein würde, als Madame im Stile der Fünfzigerjahre, verfolgt von mir als Schatten, verkleidet als Sherlock Holmes mit Papiernase, karierter Kappe und rauchender Pfeife.

Die Lehrerin trug den Wunsch der Kostümierung in ihren

Katalog. Diese Idee abwägend, schien sie nicht sehr einverstanden und murmelte: »Wir alle haben unser Leben in der Hand. Wenn du Clown sein willst, verkleide dich als Prinz, wenn du Pirat sein willst, als Detektiv. Der Wunsch nach dem Sein darf in der Maske nicht klar zum Ausdruck kommen. Versuch, während des Kränzchens nur zwei Ausdrücke im Gesicht zu spielen. Ein Blick heißt: Ich liebe dich; der andere ist das Götz-Zitat. Beide sind taugliche Antworten auf die Vielfalt der Grimassen. Fühle dich bei der Inszenierung dieser Lehre verpflichtet.«

Vierzig Jahre später unterscheiden sich die Filmhelden extrem von den Helden unserer Faschingsveranstaltung. Sie verköpern Mittelmäßigkeit, und darin liegt ihr Erfolg. Keine Künstlichkeit oder Schauspielerei ist zu erkennen. Sie verkaufen sich nur als das, was sie sind, und der Zuschauer wird ohne Minderwertigkeitskomplex applaudieren. Er jubelt seinem Abbild zu. Galilei ist nicht mehr das Zentrum des Prozesses, die Leute auf den Tribünen sind es. Man könnte ihn beim Neuversuch, dieses Bild zu malen, durchaus vergessen. Die Ankläger sind wichtiger als die Opfer, die Jäger wichtiger als die Gejagten, die Showmaster wichtiger als das Programm.

Eine Woche vor dem Faschingsfest begann die Lehrerin, die Kostüme neu zu verteilen. Wie ein Lebensprogramm verpaßte sie den Tafelschülern die Bekleidung, die sie ein Leben lang als unsichtbaren Umhang tragen würden. Der Detektiv wurde mir verboten, die Pfeife durfte ich behalten. Statt karierter Kappe bekam ich einen Matrosenhut, statt Hemd und Krawatte ein Leibchen. So war ich erfolgreich bei meiner Braut, die mit spitzem Hut und Stab zur Zauberin wurde.

Ob Henker oder Gehenkter – ich inszenierte ausschließ-

lich Matrosen. Mit zwei Gesichtern: »Ich liebe dich!« oder
»Leck mich!«

Die Geschichte ist beendet. Nach dem Fasching kommt
das Frühjahr, und ich muß mich wichtigeren Dingen wid-
men:

Vor meinem Fenster steht ein Baum, und bald wird er grün
schimmern.

*D*as zweite Bein, heißt jetzt das Motto. Immer mehr Filmschaffende werden in anderen Berufszweigen tätig, um, so glauben sie, der Macht der Verführung nach unten zu entgehen. Regisseure werden Taxifahrer oder Nachtportiere mit Videogerät unter der Rezeption, Kellner mit besonderer Klebekraft, wenn Medienleute anwesend sind. Kameraleute eröffnen Pizzerias in Florenz, Schauspieler Sushibars am Sunset Boulevard. Ein mit mir befreundeter Tonmeister sammelt mittlerweile die Fledermäuse in der Wiener Staatsoper ein.

Der große Hit heißt »Seminare abhalten«; es gibt solche für Make-up-Artists, die von Kosmetikerinnen besucht werden, Kameraseminare für Optikerlehrlinge, Cateringseminare für Hobbyköche, Actionseminare für Raufbolde, Spezialeffektseminare für Bodybuilder mit Hang zum Zündeln, Stimmabsenk-, Atem- und Joggingseminare, letztere sehr beliebt in der Gegend um den Wannsee.

Eine andere Möglichkeit zu überleben ist die Gründung von Schulen. Ein Filmschaffender hat eine Schauspielschule eröffnet, in der er für viel Geld den jungen Menschen erklärt, daß sie den Beruf nicht ausüben sollen. Er wurde reich. Inhaltlich hat er nichts bewirken können, die jungen Talente fühlten sich durch seine Warnungen in ihrer Vision doppelt bestärkt. Drehbuchgurus reisen durch das Land und erklären in teuren Schulstunden, wo die Aktteilung

und der Plotpoint zu sitzen habe. Wenn sie das allen Dreh-
buchschreibtollwütigen in den Trichter gefüllt haben, ma-
chen sie Pazifikurlaub und treten in der nächsten Saison
mit der Free-Style-Theorie auf, die nicht mehr oder weni-
ger behauptet, als daß man alles aufschreiben soll, was ei-
nem gerade einfällt.

Auch Bücher erscheinen: Das verletzungfreie Anwenden
von Heimwerkergeräten für Bühnenpersonal, Die Zuhäl-
tersprache für den modernen Aufnahmeleiter, Wie steckt
man das Keyboard richtig in die Steckdose? – Für künftige
Filmkomponisten, Der Unterschied zwischen Eiche und
Zypresse – Für Motivsucher, Das Freundlichkeits-Aus-
dauertraining – Damit man es künftig durchsteht, den gleichen Satz je nach Zuhörerohr zu interpretieren. Gleich
denken, gleich klingen.

Ein Schauspieler schreibt gerade das »Lexikon der Inter-
nationalen Filmsprache«, mit dem Titel Von Action zu Ekt-
schon.

Aus Hollywood hört man von »Spiritual Advisers«, die den
Stars »Heute alles o. k., du kannst aus deinem Zimmer kom-
men!« durch die Tür zurufen und ihnen bei ihren Ta-
gesentscheidungen helfen.

Gefährlich sind nur die, die auf die Seite der Politiker ge-
wechselt haben. Am einfachsten hat es ein neuer Berufs-
zweig, und zwar die »Berater« – sehr vergleichbar der
Schar der Staubsaugervertreter in den Fünfzigerjahren.

Jeder Filmproduzent, der Tausende Bonusmeilen zwischen
den deutschen Rundfunkanstalten zurücklegt und für den
Familienurlaub sammeln muß, hält sich ein bis drei dieser
Spezies an der Leine, damit sie ihm sagen, wohin er nach
dem Flugurlaub fliegen muß.

Die Produzenten könnte man mit früheren Bauchladen-

verkäufern vergleichen. Sie ziehen, was gefällig ist, aus dem
Flugkoffer. Wenn ein Drehbuch gelobt wird, loben sie mit.
Bei der leichtesten Kritik erregen sie sich über den Autor
und darüber, was für einen Dreck der ihnen wieder aufge-
drängt hat. Es wird halt Zeit, den Berater zu wechseln, sa-
gen sie dann voller Stolz.
Am besten hat es ein bekannter Regisseur getroffen, der ein
Fotokopierzentrum in der Nähe einer Filmförderungsan-
stalt aufgemacht hat. Dort rasen jetzt Millionen Seiten, die
für Einreichungen notwendig sind, durch die Maschinen.
Inzwischen hat er auch je eines in München, Köln, Berlin
und Hamburg. So erfolgreich hätte er als Filmschaffender
nie werden können, sein Firmenname »Don't film, just
print!« steht jetzt auf dem Titelblatt jedes Drehbuchs.

Annäherung an Cortis Regiehaltung als originales, bemaltes Gefäß

.

Man müßte ohne Anekdoten auskommen, ohne Erinnerungen und ohne Illustrationen. Man sollte sich aus dem »ganz anders sein« nähern. Ganz anders sind wir aber nicht, auch wenn es oberflächlich so empfunden und gesehen wird. Wir sind zwar auf verschiedenen Erdschollen gestanden, haben andere Gärten bevorzugt, aber wie sie zu bearbeiten waren, wie sie sich von den Katalog- und Prospektwiesen unterschieden haben, ist Aufschluß genug.

Wir haben zu viele Künstler geteilt, uns Mitarbeiter empfohlen, Bestandsaufnahmen des Raumes gemacht, in dem wir und für den wir gerne arbeiten würden. Oft Narrenpossen angesehen und darauf reagiert. Nicht zum eigenen Vorteil, versteht sich.

Wir haben eine ähnliche Haltung eingenommen, wenn es galt, um das Leben eines Projektes zu bangen, das, gefährdet von Machern, in der gefährlichen Zone einer Schublade steckte. Haben dabei nie über unsere Filme gesprochen, bevor sie gemacht wurden. Uns eher still gegen die Aufschneiderei gestellt, die schon Quoten zitieren, bevor noch gedreht wird. Auch Mißtrauen geteilt gegenüber Bademeistern, die sich getarnt haben als Kunstfreunde und als Gesprächspartner. Und im letzten Jahr entstand etwas wie Freundschaft, die auf gesundem gegenseitigen Mißtrauen gebaut war. Aber das gemeinsame Lachen und Schreien hatte dann immer gemeinsame Erfahrungen.

Ich sehe schon, es können höchstens Notizen werden. Notizen zur Konstellation, die es ausmacht, diese vielschichtige Tätigkeit, Regie so zu erfüllen. Nicht einmal das. Eher eine Wahrnehmung als eine Beschreibung. Ich bin ratlos. Aber es ist eine gesunde Ratlosigkeit, denn ich fühle mich wohl bei dem Versuch, der Restaurierung dieses schönen Gefäßes: Daß Film so sein kann.

Sicher ist jedoch, daß eine Regiearbeit, so wie du sie vorgetragen hast, etwas ist, um sich selbst zu schützen.

Man bewegt sich in einem kommunikativen Rahmen, man ist Absender und Adresse des Empfängers. Überrascht und beglückt, wenn man eine Gemeinde erreicht hat.

»Die Arbeit an dem eigenen Film«, der nur in seiner ihm eigenen Form entstehen kann. Der autonom ist.

Cortis Filme leben in der Dimension, in der sie konzipiert worden sind, und finden so ihr Besonderes.

Aber ist sein Film als außerordentliches Gefäß restaurierbar? Wurde nicht zu oft und generell auf diese Art von Vasen eingeschlagen? Sind die im Handel erhältlichen neuen Modelle nicht von Haus aus zersprungen? Bestehend aus verkeilten Splittern. Nie ist Wasser in diesen Vasen, das Blumen nähren könnte. Und versucht man, diese neuen Modelle in die Luft zu werfen, werden sie zu Müll. Was sie anrichten, ist täglich im Fernsehen zu sehen. Oder hat man sich andererseits an dem bemalten Original schon so oft die Zähne ausgebissen, daß man es in die dunkelste Ecke eines Archivs stellt? Einspruch!

Kommen die Empfänger nicht mehr ohne Beiwerk, Tricks, Spezialeffekte und sich stetig wiederholende Dramaturgien aus? Haben sie sich bereits ergeben vor der verhängnisvollen Bilderflut, die täglich angeschwemmt wird? Reagieren sie auf die täglich produzierte Leere, indem sie mit Fingerdruck die Fernbedienung einsetzen und so Bilder und Töne ganz einfach abschneiden: »Das einzigartige Schauspiel, das keinem anderen gleicht, weil es eben weder Theater noch Literatur, noch Musik, noch Malerei ist, sondern alles in einem«, und gegen Glücksspiele tauschen? Die Splitter der neuen Gefäße sind unterwegs.

Sie berufen sich, und das ist der Hohn, auf die alte Form der Vase. Sie haben aber mit diesem originalen Gefäß nichts mehr zu tun. Die Personen, die sich mit solchen Splittern spiegeln, sind selbsternannte Comic-strip-Helden. Als solche sind sie angstfrei. Nur Idioten kennen keine Angst. Angst ist ein unentbehrliches Gefühl für den Regisseur. Er muß ein Gegen-Achilles sein. Er muß an alles glauben, was die Phantasie anregt, und er hat mit teilnehmender Neugierde allen Fragen nachzugehen.

Aber er darf nicht wissen, wer es ist, der da antwortet, wenn er Hunderte Fragen gestellt bekommt. Er muß sich in solchen Situationen für einen anderen halten, der über alles Bescheid weiß. Für einen, der mit seinem Wissen bereits fertig ist und das Wissen in der Sekunde bereit hält.

Natürlich ist so etwas anstrengend, anstrengender als lokkeres Joggen. Und dieser schizophrene Zustand schwächt den Genauen am ehesten.

Der Splitterpraktiker lacht natürlich über so einen Narren. Diesen Zerrissenen, der zwischen Phantasie und Realität nur eine dünne Grenze gezogen hat, eine osmotische Membran.

Die verkeilten Splitterprodukte haben andere Berufe geschaffen. Auch sie nennen sich Autoren, Regisseure, Schauspieler, Kameraleute, Ausstatter, Schnittmeister, Kostümbildner und Musiker. Es müßten aber andere Berufsbezeichnungen eingeführt werden. Der Langstreckenläu-

fer ist ein Verwandter des Regisseurs. Beide müßten auf
den Rhythmus der einzelnen Schritte des Vorgehens achten, den Atem kontrollieren. Auf den Herzschlag hören,
die Gedanken focussieren. Die Menschen vor einem im
Auge behalten und ihre Kraft und ihr Talent einschätzen.
Sich ziehen lassen so wie sie selbst Schwächere ziehen
müssen. Und sich die Freiheit bewahren, Entscheidungen
treffen zu dürfen, die aus Mißdeutung oder Doppelsinn
entstehen: Also das Chaos suchen, ohne diese Art von
Ariadnefaden aus der Hand zu lassen und um dann wieder
den Weg aus dem Chaos zu finden.

Während ich an all das denke, habe ich plötzlich das ver-
wirrende Gefühl, mehr ein Gefühl beschrieben zu haben
als einen Gedanken. Scusi.

Ein Lächeln am Fuße der Kamera, eine Bewunderung für
das originale Gefäß.

*D*er dünne Vater meiner dicken Freundin Monika hatte einen Treffer im Toto gemacht. Kurz danach war das schwarzgelbe Auto vom hinkenden Raben nicht mehr das einzige in der Siedlung. Ein dotterblumengelber Puch stand neben der schwarzgelben Limousine. Wie ein kleiner pickender Vogel auf der Nase eines Nilpferdes.

Die dicke Monika hatte in kurzer Zeit einen dicken Busen bekommen. Ich wollte eigentlich nicht, aber ich mußte mit ihr ins Gebüsch. Sie zeigte mir die neuesten Schwellungen auf ihrem Brustkasten und zwischen ihren Beinen. Aber ich mußte wie früher das rote Monokel aufsetzen. So gesehen blieben meine anatomischen Kenntnisse, trotz Betrachtungsnähe, splitterhaft.

Monikas Anteil am Totogewinn war ein meergrünes Damenfahrrad mit zwei Halbnetzen am Hinterrad und einem chromfunkelnden Kettenschutz. Ab dieser Zeit sah ich sie nur mehr als entweder zuckenden, kleinen, auf mich zukommenden, größer werdenden Punkt oder als Wischblende, dann ein großer Rücken mit tanzenden Backen, der als Punkt wieder verschwand. Zwei- oder dreimal konnte ich sie überreden, mit mir zum Freund meines Vaters ins Kino zu gehen. Aber das ging nicht gut aus, denn jedesmal, wenn wir beim Kino ankamen – sie auf dem Rad, ich hinter ihr herlaufend –, war ich atemlos und hatte stundenlang Seitenstechen.

Die nächste Befreiung, die der große Geldsegen bei der Familie meiner dicken Freundin auslöste, war, daß sie aus unserer Siedlung wegzogen.

Ihr Damenfahrrad stand eines Tages vor meiner Wohnungstür, und ich bin die nächsten Jahre, von der Fußballmannschaft auf ihren Herrenrädern ausgelacht, durch die Sommer gestrampelt und dachte, daß meine dicke Monika eine echte Freundin war.

Viele Jahre später traf ich sie wieder. Sie war eine schlanke erfolgreiche Wirtin geworden ...

Wiener Küche
(ein Minidrama)

Fünf Filmfiguren sitzen in einem Wiener Restaurant (»Phönix an der Ecke«) und warten auf den Regisseur Peter Patzak.

Es sind:

Kottan 3 (eine Leiche)
Tarzan *(Tiger – Frühling in Wien)*
Lemmy Caution *(Tiger – Frühling in Wien)*
Philip Marlowe *(Tiger – Frühling in Wien)*
Willie *(Die letzte Runde)*

KOTTAN *(der aussieht wie ein milchrahmstrudelgemästeter Ersatz-Robert Redford, ißt Fritattensuppe, dazu trinkt er ein Bier, beschwichtigend)*: Ich hab vierzehn Filme mit ihm gedreht, ich kenn ihn also am längsten und weiß, daß er nicht vor einer Stunde auftauchen wird.

TARZAN *(verfettet, sein Doppelkinn geht nahtlos in den Bauch über, aufgeregt)*: Mich hat er extra aus Pogo hierherbestellt. Wenn er wirklich erst in einer Stunde kommt, hätte ich noch zum Buddha-Building gehen können. Jayne hat mich sowieso gewarnt, daß ich schon einmal in einem Film von ihm eine jämmerliche Figur abgegeben habe. *Tiger – Frühling in Wien* war ein Mittelding zwischen einem Comicstrip und einem Videoclip.

(Er bleibt jedoch sitzen, ruft nach dem Ober und bestellt Schokoladepalatschinken mit dem Hinweis, das Schlag-

obers nicht zu vergessen. Dazu bestellt er sich die Frucht-limonade »Konki«.)

WILLIE *(durch ein neues Filmangebot zum Abnehmen gezwungen, bestellt nur einen Kinderteller Asterix)*: Ich hab zwar nur *Die letzte Runde* mit ihm gemacht, aber ich weiß, daß er gar nicht kommt, weil er genauso ist wie ich.

LEMMY CAUTION: Ich verlaß mich nicht drauf *(nimmt einen großen Schluck vom Klosterneuburger Weißburgunder, zum Ober)* Danke, für mich nichts, ich trinke nur. – Ich hab ein Telefonat mit Robert Altman angemeldet.

MARLOWE *(bekommt gerade einen Tafelspitz serviert)*: Was will er überhaupt von uns? Wir waren doch alle schon bei seinen Ausfahrten beteiligt.

KOTTAN *(sein Suppenteller wird entfernt, ein Backhuhn serviert)*: Die Preise, die er bekommen hat, haben ihn ermutigt, weiterzusegeln. Er plant ein Remake aller seiner Filme.

LEMMY CAUTION: Der Erich-Neuberg-Nachwuchspreis trifft zwar keinen Falschen, nur einen Alten *(er lacht, trinkt, verschluckt sich …)*

KOTTAN: Aber manche Kritiker schätzen seine Filme, ich erwähne nur den Adolf-Grimme-Preis. Die Jury hat ihn gelobt, weil er uns mit Klischeehandschuhen anfaßt.

MARLOWE *(ißt seine Schnittlauchsauce mit dem Löffel auf)*: Das wissen doch Krethi und Plethi. Ich weiß nicht, ob ich bereit bin, wieder so eine überdrehte Figur zu spielen.

WILLIE *(der Kinderteller hat nicht gereicht, jetzt ißt er einen Rostbraten)*: Er hat auch andere Filme gemacht. Erinnerst du dich an *Kassbach*?

TARZAN *(hat sich zu einem Wiener Schnitzel entschlossen und steigt getränkemäßig auf gespritzten Weißwein um)*:

Der kleine, braune Gemüsehändler aus Wien, was hat denn der mit meinem hundsgemeinen Schwarzer-Humor-Film zu tun?

WILLIE *(verlangt nach einer zusätzlichen Portion Zwiebeln)*: In seinen Filmen fühlt man ein Zuhause – Wien ohne die zu erwartenden Wienbilder. Oder denk z. B. an seinen Film *Santa Lucia*.

KOTTAN *(pickt mit den Fingern die Reste der Panade vom leergegessenen Teller, trinkt das vierte Bier, eifersüchtig)*: *Vergiß Venedig*. Das ist Jahre her, kein Schwein erinnert sich dran. Und *Santa Lucia* war damals nur deshalb ein so großer Erfolg, weil drei Wiener Hausmeisterinnen in der Lagunenstadt Venedig mit dem Valpolicella unter der *Rigoletto*-Brücke durchgefahren sind.

TARZAN *(ruft den Ober)*: Apropos Italien – einmal Spaghetti al Porno *(wendet sich zu Willie)*. Ich hab gehört, daß er Ernst Lubitsch kopiert – kapiert.

MARLOWE *(hat den Löffel nicht aus der Hand gelegt – schaufelt jetzt Salzburger Nockerl damit)*: Es ist ja typisch, wie er ausländische Schauspieler nach Wien lockt – mich hat er hergeholt, indem er mir Meeresklima versprochen hat.

WILLIE *(muß aufgrund der Zwiebelmenge einen Fernet trinken)*: Aber das Meer ist doch fünfhundert Kilometer weit entfernt!

MARLOWE *(beim Nachzuckern fällt der Deckel vom Zuckerstreuer, er betrachtet zufrieden den Zucker auf seiner Nachspeise)*: Er hat mich falsch informiert. Und dann bei der Arbeit reichert er die Nebenhandlungen so an, daß er uns Hauptfiguren zerstört.

WILLIE: Nein, es ist sein Prinzip, mit detailreicher Nebenhandlung die Haupthandlung zu erzählen *(der Fernet hat ihn hungrig gemacht, er studiert wieder die Speise-karte).*

KOTTAN *(mischt sich ein)*: Diesbezüglich ist der Patzak eine Konifere auf seinem Gebiet *(er ist gerade dabei, Kar-fiol mit Butter und Brösel zu zerteilen).*

LEMMY CAUTION *(leicht lallend)*: Wir haben in den Sechzigerjahren auch viel mit detailreichen Szenen gear-beitet, aber diese Kriminal-Anarchie im Wiener Kriminel-len-Terrain hat uns alle gefährdet, es ist ja fast ein Berufs-verbot im Wiener Parlament gegen ihn ausgesprochen worden.

TARZAN: So groß war unser Risiko? Herr Ober, gibt's eine kleine geile Nachspeise? Zum Beispiel einen Punschkrap-fen?

KOTTAN: Ihr glaubt's, wir spielen in seinen Filmen immer die Helden, in Wirklichkeit beschreibt er nur arme Wür-steln *(er ißt Wiener Würstchen mit süßem Senf).*

WILLIE *(es werden ihm von einem Aushilfskellner gerade Topfenknödel mit Zwetschkenröster serviert. Aus der Küche hört man Geschrei)*: Wir haben alle die gleichen Neurosen. Das ist immerhin eine Ausgangsbasis für eine gute Zusammenarbeit.

KOTTAN: So wie sein Filmteam, die müssen auch alle die gleichen Neurosen haben. Wie gibt's das sonst, daß in ei-ner Stadt, wo so wenig produziert wird, ein Team seit zehn Jahren zusammenarbeitet?

TARZAN *(sticht mit der Gabel in Willies Topfenknödel. Der Koch verläßt gerade das Lokal)*: Falls es zu diesem er-wähnten Remake kommt, möchte ich in einem Hotel woh-nen.

LEMMY CAUTION *(hat sich in der Zwischenzeit den Obstler aus der Flasche geholt, weil der Ober in der Küche aushelfen muß)*: Ich auch, ich denke nicht mehr daran, bei ihm zu wohnen und beim Spaghettikochen zu helfen.

KOTTAN *(ißt jetzt einen Bauernschmaus)*: Dann könntest du aber auch nicht nächtelang seinen Weißburgunder austrinken.

MARLOWE *(kostet abwechselnd die Sachertorten vom Hotel Sacher und der Konditorei Demel)*: Mußt aber auch nicht um vier Uhr früh mit ihm »Me and Bobby McGee« singen.

KOTTAN *(hat seinen Bauernschmaus aufgegessen, kämpft gegen aufsteigende Übelkeit an)*: Sag nix gegen das Lied!

WILLIE *(beteiligt sich an Lemmy Cautions Obstler)*: Wir alle haben in seinen Filmen gesungen. Ich »As Time Goes By«, der Tarzan den »Tiger-Rock«, der Marlowe den »Marlowe-Blues« und der Lemmy »I'm a Millionaire«.

TARZAN *(stürzt sich auf die eben servierten Mohnnudeln)*: Vielleicht will er ein Musical mit uns verfilmen?

WILLIE *(setzt die Flasche ab)*: Nein, er setzt Musik immer als ironischen Aspekt ein, um unsere Gefühle lächerlich zu machen.

LEMMY CAUTION *(lallend)*: Das ist ja unerhört – außerdem warten wir jetzt schon eine Dreiviertelstunde – ich gehe jetzt.

WILLIE: Wir können nicht.

LEMMY CAUTION: Wieso?

TARZAN: Wir warten auf Patzak – wer sonst soll mit Figuren wie uns in Deutschland Filme machen? *(auch er trinkt jetzt beim Obstler mit)*

LEMMY CAUTION: Das hab ich nicht bedacht – wir bleiben.

KOTTAN: Das stimmt, er hält zu einem. *(Taucht Manner-Schnitten in seinen Cappuccino ein)* Ich hab den Verdacht, er will so etwas wie *Das große Fressen* mit uns drehen, das ist einer seiner Lieblingsfilme.

LEMMY CAUTION *(hat Schwierigkeiten, sich auf dem Sessel zu halten)*: Was ist das für ein Agententyp, der da am Nebentisch sitzt, ein Bier nach dem anderen trinkt und alles mitschreibt, was wir sagen?

KOTTAN *(ist bleich, Schweiß steht auf seiner Stirne)*: Mach dir keine Sorgen, den hab ich schon übers Polizeipräsidium überprüfen lassen – das ist ein Journalist vom »Tip«.

Die Tür geht auf, Patzak betritt das Restaurant, der Ober stürzt sich mit der Rechnung auf ihn.
Der Vorhang fällt.

*D*ie Beständigkeit der Erinnerung«, hieß ein Bild, und es war mit 1931 datiert.

Wieso haben Maler keine Farben an den Händen? Die Frage begann mich mit dreizehn Jahren zu beschäftigen, als ich zur Eröffnung einer Surrealisten-Ausstellung in das Obere Belvedere schlich. Da hingen sie herum, die Bilder und die Stars. Die Bilder ruhig, die Stars in Bewegung, das Weinglas in der einen, die »Austria 3« oder eine Gitane in der anderen Hand.

Ich stellte mich zu ihnen, so nah es ging. Kein Blau im Nagelbett, kein Rot in den Poren, kein Safrangelb am Handgelenk. Wann haben die zum letzten Mal gemalt? Arbeiten die mit Handschuhen? Wieso sind ihre Anzüge so gebügelt und ihre Hemden so weiß? Warum sprechen sie so leise und ihre Händler so laut? Haben sie die Limousinen mit den gelben Scheinwerfern und dem französischen Kennzeichen selbst nach Wien chauffiert?

Zwanzig Jahre später sitze ich im Russian Tearoom in New York. Am Nebentisch speist Salvador Dalì mit seiner unbeweglichen Frau. Ich beuge mich vor, den Kopf fast im Teller. Keine Farbe an den Fingern.

Paul Morrissey bringt mich zu Warhol. Siebdruckmaschinen, so groß wie Bettlaken, Farben in Fünf-Kilo-Metalldosen, auch Warhol hat nichts an den Händen.

Der Zeichner Kurt Moldovan, ein Virtuose mit der Feder,

keine Tuscheflecken zu sehen, trinkt mit mir Kaffee. Wo
sind die Spuren der Arbeit?

Ein Rolls-Royce biegt in die Dorotheergasse ein und parkt
vor dem Café Hawelka. Der niederländische Maler Karel
Appel steigt aus, betritt das Lokal und setzt sich an unse-
ren Tisch. Wieder nichts, Hände gewaschen, sauber wie ein
Chirurg. Ich rede über Farben, er über die Filmerei. Er
möchte gerne ein rundes Loch im Handgelenk haben, so
daß er, wenn er auf die Uhr schauen will, den Arm so hal-
ten kann, daß im Kreis eine Kirchen- oder Turm- oder
Straßenuhr erscheint. So würde er sich gerne in einem Film
sehen. Ich möchte endlich Farbe auf den Händen der Ma-
ler sehen.

Frau Hawelka bringt das Gästebuch und eine Handvoll
schwarzer und bunter Stifte, Karel Appel zeichnet einen
Vogel mit einem großen Schwanz. Frau Hawelka tritt vor
Freude von einem Bein auf das andere. Sie zeigt ihre
Zähne, die in Anbetracht des wertvollen Bildes zu klappern
beginnen. Karel Appel schreibt »Pour Patzak« unter das
Bild, reißt es aus dem Gästebuch und gibt es mir. Auf den
Fingerkuppen schimmert ein bißchen verschmiertes Gra-
phit.

Der Kreis des Zeichners

Der Zeichenlehrer hatte mit seinen Schülern einen salopp freundlichen Umgang. Für seine dreißig Jahre war sein Rücken viel zu geknickt, sein Haar viel zu grau, seine Brille viel zu dick und sein Geist seiner Zeit zu weit voraus. Nur für letzteres war er beim Lehrerkollegium entsprechend ungeschätzt.

Als er zum ersten Mal in unsere Klasse kam, schrieb er seinen Namen groß auf die Tafel und sagte: »Ich könnte nun euer Lehrer sein, aber für euch habe ich einen Namen: Sylvester Blau.«

Nachdem wir uns einzeln vorgestellt hatten – er blieb dabei nicht hinter dem Katheder sitzen, sondern schlenderte zwischen unseren Schulbänken –, stellte er uns die erste Aufgabe: »Zeichnet euch als die Person, die ihr in euch erkennen möchtet.«

Beginn der Stunde. Mehr hat er bei seinem ersten Auftritt nicht gesagt. Er hat sich zurückgezogen hinter den Tisch, an dem sonst Physiker, Mathematiker oder Lateiner ihre Fertigstunde wie Lehrjongleure ablaufen lassen. Er hat ein Buch aufgeschlagen und mit einem Stift in dem Text gekritzelt und geringelt. Unter seinem Schweigen entstanden auf unseren Zeichenblättern Generäle, Nonnen, Päpste oder Pin-ups. Ich habe mich zu einem einäugigen Seeräuber entschlossen. Schwarzer Hut, schwarze Augenbinde. Bleistift und Aquarell, die Farbe der Haut ist nicht gelungen, so hat der Kopf etwas Südlicheres bekommen, als ich es vorhatte.

Ein störendes Geräusch, die Pausenglocke. Blau sammelt die Blätter ein, dann schreibt er auf die Tafel: »Die Kunst kommt nur aus euch«. Ende der Stunde.

Der Schulhof ist eine Wanne aus Beton, dort sind unsere Schatten endlos. Die heimlichen Raucher separieren sich von den Gehorsamen. Die Lauten von den Leisen. Die Zornigen von den Heimtückischen. Ich frage mich, was ich da gezeichnet habe, warum ich den Seefahrer preisgegeben habe.

Auf dem Weg von der Schule nach Hause kaufe ich in einem Zuckerlgeschäft die neueste Errungenschaft. Eine Plastikpistole, mit der man Pfeile mit Saugnapf abschießen kann. Zu Hause bedrohe ich damit die Katze und meinen schlagzeugspielenden Rock'n'Roll-Bruder. Schließlich tauche ich die Saugnäpfe in die kleinen runden Töpfe meines Malkastens und schieße mit ihnen auf Packpapier. Das ist das Bild, das ich schon in der Zeichenstunde malen wollte. Bunte kleine Kreise.

Die anderen Lehrer halten mich auf. Wann kommt der graue Sylvester Blau wieder? Tage sind vergangen, es ist früher Nachmittag, wir haben ein neues Spiel entdeckt. Wir schließen einen Detektor mit seinen blanken Kupferlitzen an den Zentralheizungskörper an und hören Langwellenradio. Blau kommt, die faden Töne in meinem Ohr interessieren mich nicht mehr. Er hat dreißig Zeichnungen unterm Arm, teilt sie aus.

»Eure Zeichnungen sind für mich eingeschriebene Briefe, ich möchte sie zunächst behalten und irgendwann, in vielen Jahren, werde ich sie euch zurückschicken.«

Ich will ihm sagen, daß ich eine Methode entwickelt habe,

mein Gesicht mit Saugnäpfen, farbgetränkten Plastikpfei-
len, aufs Papier zu schießen. Ich will meinen Mann mit Au-
genbinde rückgängig machen, eintauschen gegen das mit-
gebrachte Packpapier. Er legt meinen Matrosen auf die
Bank. Er zieht mit seinem Zeigefinger den Kreis der
Augenbinde nach: »Wie hast du diesen Kreis gezeichnet?
Alles ist möglich, alles ist erlaubt. War es der Boden eines
Tintenfasses, ein umgestülptes Glas, oder hast du einen
Zirkel verwendet? Wir beide wissen, daß gesichtsgeo-
graphisch deine gezeichnete Augenbinde kein perfekter
Kreis sein darf. Aber du hast einen perfekten Kreis ge-
zeichnet.«
Ich hatte nicht die Zeit, über eine Antwort nachzudenken.
Blau wandte sich an die ganze Klasse: »Schaut euch die
Kreise auf den Sonnenwägen der Bronzezeit an, die runden Steine auf altmexikanischen Opfermessern, die kreis-
förmige Anlage Stonehenge, den Grundriß des Pantheons.
Die etruskischen Kuppelgräber, St. Peter; studiert, womit
sich Leonardo da Vinci als Militäringenieur und Architekt
im Mailand des 15. Jahrhunderts beschäftigt hat. Warum
Michelangelo in den Kreis der platonischen Akademie ein-
getreten ist. Der Kreis hat ein Innen und ein Außen. Beobachtet die kreisenden Formen von Sonne und Mond,
den Heiligenschein bei Matthias Grünewald. Die Salome
von Beardsley. Oder das Rund der türkischen Frauen im
Bade von Ingres. Vielleicht ist diese Welt zu alt, um neue
Kreise zu erfinden. Obwohl, anfänglich setzte Francis Ba-
con seine gezeichneten Päpste in Quadrate, später setzte
er Ödipus und Sphinx oder die Liebenden auf dem Bett in
einen Kreis.«
Dann wieder zu mir: »Den Kreis hast du im Auge, den
Kreis hast du auf der Brust, nahe deinem Herzen. Den

Kreis beginnst du zu verstehen, wenn du älter bist. Dreh deine Armbanduhr um, und du wirst einen Wegweiser haben. Wenn du den Kreis deiner Augenbinde so perfekt, ohne Hilfsmittel zeichnen konntest, dann zeichne ihn uns jetzt auf die Tafel.«

Ich soll an die lesbare schwarze Wand mit einer Bewegung meines Armes den Kreis des Auges zeichnen?

»Wenn du es nicht probierst, wirst du nie erfahren, ob dein Sinn stimmt. Die schönsten Bewegungen kommen aus einem unbekümmerten Herzen. Zeichne mit Leichtigkeit und Raschheit, fließend und durchsichtig.«

Die Pausenglocke, die sonst so störende, hat mich von dieser Aufgabe befreit. Blau zur Klasse: »Bis zur nächsten Stunde wünsche ich mir, daß ihr Steine zeichnet.«

Blau hat sein Buch auf dem Katheder liegengelassen. O ist ein Kreis. O ist der Buchstabe des Erstaunens. Blau hat die Wörter, die mit einem O, einem Kreis, beginnen, in Artauds Text über Van Gogh eingeringelt: »Ohr, Ordnung, Organisierte Verbrechen, Orgie, Obskur, Orgelgesang, Objekt, Operation, Ort, Okkult, Ockergold, Organist, Orientierung, Obsession, Olivenbäume.«

Der Saugnapf aus der Plastikpistole landet auf der Vitrine meiner Eltern. In Rot. In der Vitrine ist ein blauer Stein. Mein Vater hatte ihn von der Adriatischen Küste mitgebracht. Ich lege den Stein auf ein Zeichenpapier und ziehe die Konturen mit dem Bleistift nach.

In der nächsten Zeichenstunde. Blau blickt über den Brillenrand: »Schon wieder ein perfekter Kreis. Wieso, woher kannst du das?«

»In der Vitrine meiner Eltern, dort liegt der runde Stein ...«

»Versteck dein Talent nicht hinter Steinen. Geh an die

Tafel und zeichne endlich den perfekten Kreis für mich.«

Ich habe tief eingeatmet, meinen Arm geschwungen und meine Hand bewegt. Mein Kreis wurde geometrisch vermessen, er hat allen Prüfungen standgehalten.

Vieles ist mir seitdem abhanden gekommen. Wahrscheinlich kann ich den Kreis nicht mehr so herstellen. Allerdings habe ich es so auch nie mehr probiert.

Der Luxus des Zeichners ist es, mit dem Erstaunen heimlich zu leben.

Selbst Palinurus erklärt, er könne am Himmel nicht länger Nacht und Tag unterscheiden …

Über Peter Patzak

Irgendwie sind alle meine Filmhelden miteinander ver-
wandt« – diese Aussage Peter Patzaks mag auf den ersten
Blick erstaunen, ist er doch der Regisseur so unterschied-
licher Filme wie *Kassbach* und *Wahnfried – Richard und
Cosima*. Der eine hochpolitisch und aktuell, der andere ein
Historienfilm, der mit seinen stilisierten Tableaus des Lie-
bes- und Ehelebens von Richard und Cosima Wagner ein
neues Licht auf diese Beziehung wirft. Zu Kultfilmen wurden beide.

Und doch: Sieht man genauer hin, so erkennt man den ty-
pischen »Patzak-Touch«: Egal, wie politisch, wie problem-
behaftet oder gar tragisch seine Filmstoffe sind, stets werden Dramatik und Pathos durch (Selbst-)Ironie, aber auch
Verständnis für die Figuren abgefedert und gebrochen.
Immer steht der einzelne im Mittelpunkt des Interesses,
werden Eingebundenheit in soziale, historische und psy-
chische Prozesse beleuchtet.

Durch dichte und sensibel gestaltete Psychogramme werden die Filme Peter Patzaks zu Stimmungsbildern der Ge-
samtgesellschaft. Prominentestes Beispiel dafür ist einer
seiner bekanntesten Filme, der schon erwähnte *Kassbach*
aus dem Jahr 1978. Hier werden rechtsextreme und frem-
denfeindliche Verhaltensweisen des Lebensmittelhändlers
Kassbach auf seine psychischen Defekte zurückgeführt.
Nicht die monströsen Verbrechen einer kleinen herr-

schenden Gruppe werden gezeigt, sondern das, was Hannah Arendt als »Banalität des Bösen« bezeichnet hat – der Faschist in uns allen. Die Unfähigkeit, sich mit dem Nationalsozialismus auseinanderzusetzen, die nicht stattfindende Kommunikation in der Familie, die Tristesse und Dumpfheit seines Alltags – all das macht Kassbach erst zu dem, was er ist: ein Wiener Kleinbürger, der die Komplexität der Welt nicht versteht und sich seine eigenen Wahrheiten sucht.

Alle Filmhelden Patzaks – ihnen voran der bekannte Major Kottan – sind stets von einem Hauch Tragik umgeben, und immer scheitern sie in letzter Konsequenz an sich und der Welt. Doch Peter Patzak wäre nicht Peter Patzak, würden sich seine Figuren diesem Scheitern und dem Weltschmerz restlos ergeben. Das, was sie auszeichnet und so sympathisch macht, ist ihr »Dennoch« – die Weigerung, sich von der Welt und der Ungerechtigkeit, die sie bereithält, unterkriegen zu lassen.

Aber damit predigt Peter Patzak nicht dem Rückzug in das Private das Wort. Er ist kein Verfechter der »Es ist schon nicht so schlimm« – und »Augen zu und durch«-Parolen. Dafür ist er zu kritisch und zu politisch. Sein Blick geht weiter und gilt Politik und Wirtschaft als Bestimmungfaktoren der Gesellschaft. Wirtschaftsverbrechen, Korruption, Wiener Unterwelt und Mafia – das sind die Themen, die der 1945 geborene Regisseur in vielen seiner Filme behandelt, so zum Beispiel in *Den Tüchtigen gehört die Welt* (1981), *Der Joker* (1987) und *Lex Minister* (1990), einer Parabel über die Macht, die nicht nur in Österreich verstanden wurde. (Aus: Information Max-Ophüls-Preis, Saarbrücken, 1996)

Was den Filmregisseur Peter Patzak aber vor allem im Zusammenhang mit dem »Film im Fernsehen« interessant macht, ist die Tatsache, daß er mehr als viele der anderen Regisseure das Wesen dieses Mediums als das Medium von heute erkennt – und gestaltet. Zumals, da dieses Medium mehr als alles andere das Verhalten der Menschen heute beeinflußt. Insbesondere aber versteht Patzak es, das Zeitgenössische, als das wesentliche Kriterium von Kunst und Kritik, einmal zu beobachten, zu erfassen, zu gestalten, und zum anderen wirken zu lassen.

Das Paradebeispiel dafür ist seine Filmserie *Kottan ermittelt* (1976–83), die als Fernsehfilme Fernsehgeschichte schrieb. In ihnen kann jeder Zuschauer seine Zeit und seine Erfahrungen einordnen und bekommt sie widergespiegelt. Kottan, das ist zum einen der Nachbar ohne besondere Eigenschaften von nebenan, das ist außerdem der autoritär auftretende, aber zutiefst kleinkarierte Polizeibeamte; und Kottan, das ist auch irgendwie jeder einzelne selbst. Kottan, das sind wir und die anderen.

Diese Serie zeigt dem Zeitgenossen, wie es um ihn und um seine Mitmenschen heute so steht. Dieses Zeigen beruht nun nicht auf einer besonderen Story, einer treffenden Idee, sondern es gründet sich vor allem auf der zutreffenden Beobachtung und filmischen Umsetzung von wirklichem Verhalten. Patzak gestaltet seinen Major Kottan nicht wie einen der vielen geklonten und gestylten Serienhelden im Fernsehen heute. Sondern er bringt einen Zeitgenossen auf die Mattscheibe, welcher dort als ein integrierter Teil der Familie agiert: freundlich, nett, gewieft, faul, geil, aber auch unfreundlich, bösartig, tolpatschig, emsig, abgeschlafft, ganz so wie jeder von uns.

Der Erfolg dieser Serie zeigt an, daß damit ein Nerv des

Wesens des Films im Fersehen getroffen ist. Denn, wenn schon dieses Medium heute nicht mehr wegdiskutiert werden kann, wie es immer wieder von eifernden Gelehrten und Beobachtern gefordert wird, dann sollte es zumindest dieses Niveau erreichen: Unterhaltung und Aufklärung, Stars und durchschnittliche Personen, Aktion und Ruhe usw. Und im Mittelpunkt steht eine Geschichte, eine Story, die als Fiktion selbst unterhält, informiert und widerspiegelt von dem, was jeder heute ist und was er sein möchte, was er tut und was er nicht tut, und was er denkt und was er träumt.

PROF. DR. WALTER SCHURIAN

Auswahl einiger Filme
von Peter Patzak

1971 »Jugend in Österreich«

1976 »Kottan ermittelt I : Hartlgasse 16a«

1978 »Kassbach«

1981 »Den Tüchtigen gehört die Welt«

1982 »Phönix an der Ecke«

1983 »Strawanzer (Die letzte Runde)«

»Kottan ermittelt XIX: Mabuse kehrt zurück«

1984 »Tiger – Frühling in Wien«

1986 »Wahnfried – Richard und Cosima«

1987 »Der Joker«

1988 »Camillo Castiglioni oder: Die Moral der Haifische«

»Killing Blue«

1988 »Frau Berta Garlan«

»Gavre Princip – Himmel unter Steinen«

1990 »St. Petri Schnee«

1991 »Rochade«

1993 »Das Babylon Komplott«

1995 »Brennendes Herz – Tagebuch einer Flucht«

1996 »Hotel Shanghai«